T0267425

Ojalá te enamores
edición especial

El papel utilizado para la impresión de este libro ha sido fabricado a partir de madera
procedente de bosques y plantaciones gestionadas con los más altos estándares ambientales,
garantizando una explotación de los recursos sostenible con el medio ambiente y beneficiosa para las personas.

Ojalá te enamores
Edición especial

Primera edición: octubre, 2017
Segunda edición: agosto, 2024

D.R. © 2017, Alejandro Ordóñez

D. R. © 2024, derechos de edición mundiales en lengua castellana:
Penguin Random House Grupo Editorial, S. A. de C. V.
Blvd. Miguel de Cervantes Saavedra núm. 301, 1er piso,
colonia Granada, alcaldía Miguel Hidalgo, C. P. 11520,
Ciudad de México

penguinlibros.com

D. R. © 2024, Mariana Vega, por el diseño de interiores

ISBN: 978-607-384-791-9

Impreso en México – *Printed in Mexico*

ALEJANDRO ORDÓÑEZ

Ojalá te enamores

edición especial

NUBE **DE TINTA**

ÍNDICE

AMOR

DESAMOR

MOTIVACIÓN

PENSAMIENTOS

TEXTOS INÉDITOS

Para Elvita,
que el amor sea una constante,
que nunca tiemble en tu vida.

PRÓLOGO

Querido lector:

Hace varios años desde que publiqué por primera vez este libro. Fue mi primera obra y tuvo bastante repercusión; tanta que movió mi vida de formas que nunca imaginé: me mudé a México, me casé, e incluso acabo de tener a mi primera hija en este país maravilloso. Mis lectores me han abrazado en tantas ciudades que ya perdí la cuenta, y la editorial ha confiado en mí para muchos proyectos más.

No quiero aburrirte con mi vida; nada más advertirte: este libro fue un salto de fe, un camino lleno de emociones por el corazón de un joven que apenas empezaba a conocer el mundo y, aun así, gracias a estas páginas, consiguió conectar con miles de personas, sin importar sexo, edad o país.

Por eso, si me lo permiten, me gustaría dedicarle unas palabras a mi hija en este espacio en relación con lo que van a leer en este libro:

Nunca dejes que un corazón roto defina tu vida. El mundo está lleno de idiotas, y a veces nos toca tropezar con alguno. No dejes que nadie te diga que no puedes lograr cualquier cosa que te propongas, y mucho menos dejes que te pisen. Duele vivir a veces. Pero la mayor parte del tiempo es algo tan maravilloso que nos cuesta comprenderlo.

Puedes ser todo lo que quieras ser, amar a quien te dé la gana y llegar tan lejos como te propongas. Nunca dejes de creer en ti; tampoco dejes de creer nunca en el amor. Será el motor de tu vida en tantos tramos de la misma que cuando crezcas le darás las gracias por todo y por tanto.

No hay sueños pequeños. Yo una vez soñé con escribir un libro, que alguien me leyera y sintiera mil emociones diferentes. Soñé y luché tanto como pude. Fueron años de trabajo duro, sin descanso ni los fines de semana, para llegar a este libro y, con él, a tantos hogares y corazones que lo hicieron suyo.

Lo mejor de ser tú es que nunca estarás sola. Siempre tendrás a este padre loco que cruzó medio mundo para encontrar su camino y, al fin, llegar hasta ti. Seré la piedra que nunca tiemble, la rama que se mantenga firme en cualquier temporal. Seré un buen padre, pero me equivocaré mil veces. Tenme paciencia: también es mi primera vez en esta vida, aunque no lo parezca.

Y a ti, lector, que ahora te vas a adentrar en este libro, una última advertencia: entra con el corazón abierto y dispuesto. Ojalá te enamores, siempre, de ti y de quien sea. Nunca le cierres la puerta al amor.

Gracias por tanto apoyo a lo largo de los años,
Alejandro Ordóñez

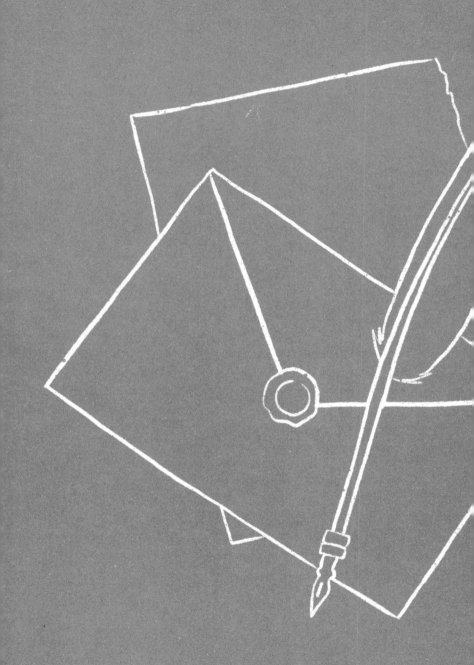

OJALÁ TE ENAMORES

Ojalá te enamores de alguien que sepa lo que vales, que a cada una de esas cosas que tú llamas «defectos» les ponga tu nombre y sueñe con abrazarlos cada noche. Alguien a quien no le importe la hora que sea cuando sienta la necesidad de decirte que te quiere, que te despierte con un beso de buenos días y te dé las buenas noches con uno de esos abrazos eternos que terminan solo cuando el sueño vence.

Ojalá te enamores de alguien que te diga cada día que eres **preciosa,** que no ha visto algo más bonito en toda su vida. Alguien a quien no le dé miedo decirte en voz alta que está loco por ti, que lo grite bien fuerte, bien alto, sin importar nada más que la sonrisa que te provoque saber que lo dice desde el corazón.

Ojalá te enamores y te amen como mereces.

Ojalá esa persona entienda que incluso en tus peores días, cuando más fría estés o menos ganas de hacer nada tengas, **su abrazo será siempre la cura a todos tus males,** sus besos calmarán las lágrimas y su mera presencia tendrá el poder de hacerte sentir bien. Ojalá te enamores de alguien que, aunque cometa errores, se esfuerce cada día por amarte con todo lo que tenga. Así, cuando le mires sabrás que se vacía cada día, que lo da todo por mantener siempre en tu rostro esa sonrisa tuya que le hubo de enamorar un día.

Ojalá te enamores, ojalá no vuelvas a sufrir. Ten paciencia, un día llegará alguien capaz de besar las cicatrices sin abrir heridas nuevas.

QUERIDO YO

Hace tiempo que no hablamos. De tanto mirar al futuro a veces me olvido incluso de ti, del pasado y el presente, de lo que nos trajo aquí y a este punto en el que estamos. Me olvido de ti incluso al mirarme en el espejo, cuando cruzamos miradas y mi cabeza se pone a buscar defectos, a contar los peros que otros puedan encontrar.

Me escudo siempre en la falta de tiempo, en que vivo ocupado y no tengo ni un solo momento para ti. Miento. Siempre miento. Me sobra el tiempo y lo que me falta es valor para mirarte a los ojos y decir en voz alta todas esas dudas que me asaltan cuando al fin te enfrento.

Te tengo miedo. Miedo de mirarte y que no me guste lo que veo, miedo de haberte fallado, de no haberme convertido en aquel que un día prometí. Por eso me cuesta tanto hablarte y siempre acabo mirando al futuro, lanzando promesas de cambio sin llegar nunca a conocerte del todo.

Verás, me he dado cuenta de que sin ti no hay yo que valga, que la vida está vacía y nada llena ese desencanto en el que te guardé. Por eso estoy aquí, para enfrentar mis miedos y demostrarme que, después de todo, ser tú es bastante bueno.

Tal vez mis miedos sean infundados, las dudas sean absurdas y no haya nada malo en ser como eres. **Tal vez lo bonito esté en lo diferente** y yo esté exagerando al esquivarte en cada espejo. Será que me olvido siempre de esa perfecta imperfección que asoma en tu mirada, cuando al fin te miro a los ojos y comprendo que, después de todo, hay mucho bueno en ti.

Ya es hora de mirar dentro, de conocerme un poquito mejor.

Querido yo, volvamos a empezar: un placer conocerte de nuevo.

SOMOS GIGANTES

A veces la vida aprieta y ahoga, empuja la alegría lejos y deja tras de sí únicamente regusto de amargura, regusto de pena, regusto de nada. Un vacío que no se llena y se oculta tras falsas sonrisas y breves palabras: «Estoy bien», «No es nada», «De verdad...».

A veces el mundo entero nos hace sentir pequeños, insignificantes. Miramos a nuestro alrededor y solo vemos la oscuridad que nos lanzan los horizontes y metas que se marcan los demás. Nos callan las voces ajenas, nos enmudece nuestro propio miedo a destacar, a volvernos foco de atención por un error, a ser objeto de risas por osar decir en voz alta aquello que pensamos.

El mundo es cruel, despiadado.

O eso dicen los que se dejan ensombrecer, los que callan cuando otros hablan, los que no derriban las puertas y no abren de par en par las ventanas para volver a ver el sol. Eso dicen los que se quedan abajo, los que dejan que el miedo gane. Aquellos a los que les importa más las risas que provoque un fallo que las enseñanzas que de ese error se desprendan.

Eso dicen los que se dejan pisar, los que nunca salen de su zona de confort... o «in-confort» diría yo, ya que dudo mucho de la comodidad de la «in-felicidad» que esa situación les provoca, la ansiedad que se siente en el pecho cada día con el sonar del despertador, con la desesperanza de saber que comienza un nuevo día idéntico a tantos otros, a tantas otras mañanas que fueron dejando atrás mientras la vida pasa.

¡Por favor! ¡Vive!
Levántate y vive. Eres un gigante y no te
das ni cuenta.

Todos lo somos. Todos podemos destacar, mirar por encima de cualquier horizonte sin que nadie ensombrezca nuestro paso. Todos podemos caminar sin pisar, hablar sin hacer callar.

Eres tan grande como te propongas serlo y puedes llegar tan lejos como te dé la gana. La vida es mucho más que vivir con miedo. La vida está hecha de lucha, de sudor y de esfuerzo.

Pero los gigantes no tienen miedo.

Respira hondo.

Levántate.

Persigue tus sueños.

SIEMPRE ELLA

Os voy a hablar de ella. La que, para mí, es ella. Cada uno tiene la suya propia y aquí, en estas pocas líneas, os hablaré de la mía.

Ella llegó un día para cambiarme la vida.

Derribó todas las barreras que yo había levantado. No quería saber nada del amor. Estaba roto, desencantado. Había perdido la ilusión.

Pero entonces, llegó ella y no hubo barrera alguna demasiado alta ni coraza lo suficientemente dura para su sonrisa. Derritió con su mirada todos y cada uno de los muros que yo creía me protegían de enamorarme de nuevo.

Me demostró que es imposible frenar el amor cuando se encuentra a alguien así, tan maravillosa que incluso la vida misma se para a mirarla cuando camina por la calle, feliz, a pesar de todo por lo que ha pasado.

Me ha enseñado a amar de nuevo, a enamorarme cada día de la misma persona y querer seguir cumpliendo sueños a su lado. Se ha convertido en lo más importante, sus sentimientos se funden con los míos y basta un atisbo de tristeza en su mirada para que se me caiga el cielo. Qué ironía. Yo, que no quería amor, termino amando tan intensamente que a veces incluso duele, por los miedos o las dudas de un pasado que siempre pesa, que siempre está presente.

Ella es vida.

Basta uno de sus besos para que el tiempo se detenga a nuestro alrededor mientras trato de hacer memoria y recordar qué narices hice yo para merecerla. En qué momento alguien se puede llegar a enamorar de tanto defecto que yo tengo.

¿Sabéis algo que me encanta de ella?

Que no se cansa de mi amor. Que cada mañana me da los buenos días con la misma ilusión del primer día, que incluso por las noches, cuando el sueño pesa en sus ojos, aún es capaz de aguantar un rato más con tal de seguir hablando conmigo.

Ella es lo mejor que me ha pasado en la vida. Lo tuve claro desde el principio. **Es por ella por lo que hoy sonrío, es por ella por lo que he vuelto a ser feliz de nuevo.**

Ojalá un día sea capaz de devolverle tanto como ella me ha dado, ojalá sepa hacer permanente su sonrisa, ojalá, por una vez, la vida nos dé una tregua a ambos y nos deje disfrutar de este amor. Surgió un día de juegos de miradas, de conversaciones hasta las tantas y de pequeñas no citas que terminaron por unir los pedazos de ambos corazones en uno. Un corazón que hoy late con fuerza por ella, por mí, por nosotros.

VACÍATE

Vacía tu alma de todas las penas. Llora, grita, salta. Rompe las fotos que llenen de lágrimas los recuerdos, baja las persianas y deja salir todo lo que llevas dentro. Apaga una a una las luces de la memoria como si fueran las estrellas que antes iluminaban tu firmamento.

Sangra las heridas antes de curarlas de nuevo. Deja que las lágrimas fluyan y que de su cauce nazcan ríos que limpien la tristeza que te inunda. Coge aire y sumérgete en todo ese mar de emociones sin soltar nunca la cuerda que te mantiene a flote.

No desanimes.

Es necesario vaciarnos primero de todo lo sufrido para poder llenarnos de nuevo. Dejar salir lo viejo para que, algún día, pueda entrar lo nuevo. No hay nada malo en el dolor. **Si duele, es porque fue real.** Por eso hay que vivirlo, hay que sufrirlo aunque todo te parezca el fin del mundo.

No todos los finales son bonitos. No todas las despedidas son abrazos.

Deja que salga, que no quede nada. Así, cuando al fin te sientas vacío del todo, podrás mirar de nuevo al cielo sin cortarte con los cristales rotos que un día reflejaron tu luna.

Todo tiene sus fases y el dolor no es más que una de ellas. **Vívelo, deja que fluya.** Llegará una mañana en la que el sol deslumbre por encima de todas esas nubes grises que hoy te tiñen el alma.

SIEMPRE VUELVES

Te escondes en las fuerzas que me faltan para decirte adiós y trenzas mi ilusiones con breves muestras de cambio que dan aire a mis pulmones y engañan a mi corazón. Vuelves una y otra vez a derribar los muros que levanto cada vez que te vas y con tus besos agotas mis ganas de luchar para alejarte de este mundo que fue nuestro un día, pero que hoy se resquebraja en las ruinas de lo que nunca será de nuevo.

Nuestro tiempo pasó y no lo entiendes, por eso siempre vuelves a buscarme y te olvidas de que aquí ya no hay nada para ti. **Somos pasado porque se nos acabó el presente**, porque ahogamos el futuro en el mar de errores en que naufragábamos cada día, cuando las ganas no eran suficientes para achicar todo el daño que nos hacíamos.

Querría decirte de una vez por todas un adiós que cerrara al fin las heridas que nunca sanan, que nunca dejan de sangrar, pues con cada nuevo encuentro nos cortamos en el filo de falsas esperanzas que nacen de la nada y se pierden igual que llegaron, cuando ya es demasiado tarde para evitar la caída, para evitar el golpe de realidad que siempre llega al abrir los ojos y dejar de soñar.

Necesito, los dos necesitamos, parar esto. Poner tiempo de por medio y dejar de sufrir por algo muerto hace ya muchos intentos. No hay nada que hacer y por eso te pido que no vuelvas, que no abraces, que no beses. Te suplico que te alejes de mí y busques tu felicidad en otra parte. Yo no la tengo y, la verdad, bastante tengo ya buscando la mía lejos de ti.

Vete y no vuelvas. No ahora.
Por ti, por mí, por nosotros.

PUNTOS FINALES

Con el tiempo he ido aprendiendo que la vida es una sucesión de historias, de momentos, con sus principios y sus finales, que duran lo que tengan que durar y luego se van por donde vinieron, dejando hueco para lo que sea que esté por llegar.

Me he dado cuenta del poder que tenemos, de la capacidad innata de poner puntos finales a todo aquello que no merezca ni un segundo más de nuestro tiempo, de la facilidad con que decimos adiós cuando nos damos cuenta de que ese momento que estamos viviendo no es algo bueno.

Cortamos por lo sano con todo aquello que nos nuble el cielo y buscamos siempre historias nuevas que hagan brillar nuestra vida.

Esas son las historias que merecen la pena. Los momentos que todos hemos de guardar bajo llave en el sótano del alma para volver a ellos cuando un mal giro en las calles de la vida nos lleve a sufrir.

No te desanimes. Como te decía, la vida es una sucesión de momentos, mejores o peores, que siempre pasan quieras o no. Tienen su tiempo y un final que siempre llega. En tu mano está poner los puntos finales que te hagan dejar de perder el tiempo, que den pie a nuevos comienzos y te traigan al fin una sonrisa que, por una vez, se haga permanente en tu vida.

NUNCA DEJES DE LUCHAR

Lucha por mejorar cada día, por ser mejor persona. Lucha por amar como quieras que a ti te amen, por ser feliz a tu manera.

Aprende de tus errores y no tengas miedo a tropezar de nuevo. Levántate siempre después de cada caída con la seguridad de haber aprendido algo nuevo de cada tropiezo.

Enseña a tu corazón a sanar las heridas que dejen los amores que pasen de largo por tu vida y nunca tengas miedo de volver a enamorarte.

**No te dejes vencer por nadie,
mucho menos por ti mismo.**

Que tus miedos se queden atrás, que no te impidan vivir tu vida como a ti te dé la gana.

Lucha siempre por aquello en lo que creas y nunca dejes de intentar cosas nuevas, por mucho que otros digan, por mucho que otros piensen.

No tengas miedo de vivir.

Disfruta de la vida y lucha siempre por todo aquello que te importe. Que los ecos de fracaso se pierdan a lo lejos mientras tú sonríes y te limitas a seguir luchando como lo has hecho siempre: con la vista al frente y el pasado y sus lecciones en la recámara, dispuesto a esquivar cualquier problema conocido, dispuesto a tropezar de nuevo si hiciera falta.

Simplemente, lucha. Lucha contra el mundo que no entienda, lucha contra ti mismo. Lucha contra tus miedos e inseguridades y nunca des la batalla por perdida. Si el viento se pone en contra, da la vuelta, cambia el rumbo y deja que tus velas se hinchen.

A veces, basta con dar un paso atrás para recuperar el impulso.

Lucha. **Nunca dejes de luchar.**

PODRÍA...

Te podría decir una y mil veces que estoy loco por ti, quinientas más lo mucho que me encantas y un par de centenares lo bonito de esos ojos verdes que vuelcan mi mundo con cada mirada.

Podría contar los lunares de tu piel y perderme justo en el último, retomando el primero cincuenta veces más antes de soltar mis ganas y morder tu cuello; decirte «buenas noches» antes de estrechar mi abrazo alrededor de tu cuerpo, empujando contra mí esa cadera tuya que hace las veces de puerta del cielo.

Podría hablarte de «para siempres», de lo bonito de ese pelo rebelde tuyo que se ondula a traición justo cuando uno piensa que ya no puedes estar más guapa. Podría contar las veces que se paró mi corazón al verte y las veces que lo revivió tu mirada al cruzarse con la mía, dejando una sonrisa en el camino para que yo la recoja después.

Podría dar mil vueltas a tu universo antes de entrar en él, cuando al fin agarras mi mano y tiras de mí hacia la promesa eterna que esconden tus labios cuando besas.

Podría volver a ti aunque me pierda, encontrar de nuevo el camino que me lleve a tu puerta y cerrarla con doble vuelta esta vez, para no perderte, para no perderme yo.

Podría decir y hacer tantas cosas que, si lo pienso, me doy cuenta de que una vida no sería suficiente para tanto que te quiero dar, para tanto que quiero demostrar, para tanto que quiero vivir a tu lado.

Podría seguir hablando. Podría. Pero no hace falta decir más.

Podría y puedo vivirte.

Espérame.

CUANDO TE HABLEN DE MÍ

Cuando te hablen de mí, no escuches. Piensa que todo es mentira, que no soy así. Cuando te cuenten, escucha, pero no digas. No formes parte de todos esos que hablan sin saber, que no conocen y aun así mienten. No te unas a ellos, no vale la pena.

Cuando te digan que me vieron, desconfía. No de mí, sino de aquel que tergiversa la verdad en busca del beneficio propio. Lo más probable es que ni siquiera me hayan visto.

Cuando te susurren mis secretos, no los creas. Tengo muchos, sí, pero al ser precisamente secretos solamente hay una persona que los conoce. Y no, no es esa que susurra en tu oído, sino esta que te escribe. Así que no les creas. Sé paciente, puede que llegue un día en que confíe tanto en ti como en mí mismo y decida compartirlos contigo.

Cuando escuches mi nombre en sus labios, no te preocupes, no pasa nada. Soy inmune ya a tanta habladuría, sobre todo cuando mi nombre parece haberse convertido en su saludo habitual.

Bueno, pues que saluden.

Cuando te hablen de mí, deja que sigan, que inventen lo que quieran. Piensa que esa gente vive su vida a través de la mía. No tienen nada mejor en que ocupar su tiempo. Apiádate de ellos, pero no les interrumpas, que sigan hablando mientras yo, ajeno a tanta tontería, sigo viviendo.

FALSA SOLEDAD

La soledad es del todo relativa. Podemos estar rodeados de personas, hablando y riendo como si nada y, al mismo tiempo, llevar dentro esa sensación de vacío que nadie llena. Levantamos fachadas de felicidad que se derrumban con simples soplos de realidad, que se resquebrajan cuando alguien nos mira a los ojos y descubre todo lo que callamos.

No digo que la soledad sea mala, sino que el problema está en no aceptarla, en tratar de ocultarla al mundo y a uno mismo, anhelando siempre una caricia que nunca llega, un abrazo a medias que se pierde por el camino antes de rozar siquiera las paredes de nuestro mundo.

No necesitas de nadie para ser feliz.

Abre de par en par las ventanas de tu alma, desempolva tus miedos y enfréntate de una vez al espejo. Comprende que el único que puede juzgarte eres tú mismo. No vuelvas a permitir que las ausencias a tu alrededor se conviertan en piedras que no te permitan retomar el vuelo, que te hundan en un mar de soledad. Necesitas darte cuenta de que vives en una habitación a oscuras que puedes iluminar cuando a ti te dé la gana. La soledad nunca es permanente, siempre llegarán nuevas personas que llenen ese vacío. Por eso no puedes permitirte perder ni un segundo más de vida en esa amargura que te envuelve al pensar que estás solo.

Nunca lo estás.

Disfruta de tu propia compañía y busca nuevas metas que alcanzar. Cumple tus sueños, rodéate de ti mismo cuando te sientas solo y nunca, jamás, vuelvas a tener miedo de la soledad.

NUESTRA ESTACIÓN

Veinte agostos tiene y vive en eterna primavera, sacándome los colores cuando sonríe, cuando me rompe los esquemas. Me florecen las ganas cuando la siento cerca y me lloran los ojos cuando me olvido de parpadear por mirarla, guardando en la retina el reflejo de su luz.

Con el tiempo he aprendido que el invierno llega solo cuando ella falta. Por eso, he decidido hacer de mi mundo su estación. Con ella sale el sol y no es de noche hasta que duerme, cuando los sueños se apoderan de su ser y se refugia allí donde nadie alcanza. Solo entonces duermo yo, y ni siquiera eso, pues en mi afán de velar sus noches me abrazo fuerte a ella, y sueños y realidad se confunden.

Aun así, algo duermo. Lo sé porque siempre que abro los ojos en su mañana la descubro mirándome sonriente, dispuesta a comenzar un nuevo día en esta estación perenne en la que ambos hemos decidido vivir.

Yo, por amarla como la amo.

Ella, por ser siempre verano en primavera.

AMORES SUSPIRO

A veces, me paro a pensar en lo rápido que pasa el mal amor. Llega con el nuevo amanecer y nos llena con ilusiones y ganas de nuevas esperanzas, de días de lluvia bajo una misma manta, de noches en vela hablando hasta las tantas, de postres compartidos y besos con sabor a estrellas, a infinito.

Luego el cielo se nubla y el sol deja de brillar en lo alto. Miras a tu alrededor y el desencanto de la realidad te golpea fuerte en el pecho, haciendo añicos la falsa ilusión de plenitud que tus propias ansias de amor se inventaron.

Truena tu alma y te llueven los ojos por el tiempo perdido mientras dices adiós y caminas sin paraguas rumbo al olvido, para dejar allí el dolor y volver a juntar los pedazos de corazón que aún conservas en los bolsillos.

¡Y ya está!

Llega la noche y te sumerges en tiempo, en paz, en soledad. Sanan las heridas y recargas las fuerzas mientras esperas el siguiente amanecer, con la esperanza de que, por una vez, te traiga un amor que dure más que un suspiro.

LOCOS

Están locos. Todos ellos. Locos que se creen cuerdos y viven hipnotizados en sociedad. Asienten cuando otros lo hacen, se unen a aplausos ajenos y nunca osan pisar fuera del camino. Se siguen unos a otros en fila india, preocupados por no pisar al que llevan delante, porque no les pise el que va detrás.

Lo dicho. Locos. Todos locos.

Qué ironía que para ellos, en su loca cordura, los locos seamos los demás, los que no aceptamos lo dado y nos revolvemos. Los que saltamos al vacío infinito y no tenemos miedo de volar, sin preocuparnos por el golpe, sin mirar atrás.

Rompemos los caminos, esquivamos las señales y nos reímos de sus miradas desorbitadas cuando vivimos como nos da la gana mientras ellos, grises, mantienen un mismo ritmo de no vida hasta que esta misma se termina.

Locos, están locos.

Pierden a cada segundo el regalo de vivir, les pueden los miedos y las normas, el qué dirá el resto de la fila si osan romper la cadena y saltar a ese vacío que, aunque no lo reconozcan, les llama con gritos de esperanza, gritos de vida, de felicidad.

A mí, que me llamen loco si quieren. Yo soy feliz en mi locura. Vivo por ella, fiel compañera de mi cordura.

De nada sirve vivir por vivir, hay que vivir para vivir.

QUÉ MÁS DA

Querría ser un poquito menos yo cuando estoy contigo. No sé. Menos brusco, menos tímido. Más tú.

Sí, eso, ser un poquito más como tú para quizá así poder alcanzar tu corazón, saltar la coraza, romper tus dudas y ser capaz de hacerte ver que tal vez sin mí estés bien, pero que quizá conmigo podrías estar mucho mejor.

Tal vez, si fuera un poquito más como tú, entendiera.

Tal vez entonces fuera capaz de ver que la tristeza que esconden tus ojos es la misma que siento cuando lloro, cuando las penas me inundan el alma y se hacen nudo en mi garganta al verte tan triste.

Cómo desearía poder cortar las alas de aquel que voló lejos de ti, rompiendo las tuyas en su partida para que nunca más pudieras volar de nuevo como un día lo hiciste.

Qué hermoso debía ser verte volar alto, entre las nubes. Qué... ¡qué hermosa eres aún y no lo sabes!

Ahora lo entiendo.

Ahora leo en tu tristeza las inseguridades que ha dejado el pasado, ahora entiendo que no te ves capaz de amar de nuevo como un día lo hiciste, de volar de nuevo mientras tus alas sigan rotas, mientras esa lágrima suicida que salta una y otra vez de tu mejilla siga con vida.

Qué hacer… qué hacer entonces para devolverte la ilusión, qué hacer para recuperar cada pedazo de corazón roto y devolver la sonrisa a tu rostro, paz a tu alma, calma para tanto dolor.

Qué hacer que no haya hecho ya.

Será que siendo yo no basta.

Será…

Qué más da.

Si yo sigo siendo tonto enamorado y de mis ganas seguirán naciendo pequeñas sonrisas robadas a tus labios; de mi amor nacerá de nuevo la ilusión que te falte, y de mi ímpetu el aire que se enrede de nuevo en ese par de alas que has olvidado cómo usar.

Qué más dan las penas si sé que el tiempo me dará la razón, si tengo claro que puedo vencer cualquier tormenta que se instale en tu interior con la misma paciencia con la que tú me coges de la mano, me miras a los ojos y te entregas cada día a este amor que te traigo con la esperanza de despertar una mañana con el alma en paz, dispuesta a ser feliz, dispuesta a volar alto de nuevo.

Qué más da si yo te amo, qué más da si sé que me amas tú.

QUE NO TE PISEN

Hoy en día todos se creen con derecho sobre los demás. Se hacen centro de su propio universo y allá tú si no giras en torno a ellos. Te empujan al pasar, al adelantarte en la carrera de la vida mientras tú te quedas atrás y te preguntas qué estás haciendo mal.

Seguramente nada, puede que todo.

Es muy fácil ver la vida pasar desde abajo... pero qué mal sienta que te pisen, ¿verdad?

No te dejes, no lo permitas. Valórate un poquito más y deja que los miedos se espanten solos al verse en el espejo. Si la vida marca un rumbo, rompe el cauce y pisa fuera. **No dejes que nadie te diga cómo has de actuar.**

Basta ya de sumisión, basta ya de inseguridad cuando de vivir se trata. El secreto está en los errores, en aprender de todos y cada uno de ellos. Tienes que crecer y dejar atrás ese conformismo en que te aíslas cuando ves a todos los demás pasar.

No digo que sea fácil, para nada. Solo te pido un poquito más de amor propio, un poco más de valor cuando de enfrentar a los demás se trata.

**Levántate, grita, revuélvete. Sé la persona
que quieres ser. No hay excusas.**

Está en ti el poder de decidir, el poder de ponerte en
pie y agarrar la vida tal cual te viene. No importan las
caídas, sino levantarse siempre con las ganas intactas.

Vive. Simplemente, vive tu vida como a ti te dé la gana
y que nunca, jamás, te vuelvan a pisar de nuevo.

AMISTADES VERDADERAS

Hay personas que llegan para quedarse. Entran en tu vida un día y no te das ni cuenta de que ese hueco ya no lo volverá a ocupar nadie más. Sí, hablo de esos amigos que todos tenemos, los que fuimos encontrando por el camino y que con el pasar de los años siguen ahí, viviendo, sufriendo, a nuestro lado.

Si estás leyendo esto, sabrás que hablo contigo.

Puede que en mis peores días me vuelva insoportable, que te llame por teléfono o te haga venir a verme y me pase horas hablando y hablando sin parar o en silencio, sin más. Días en los que todo se vuelve oscuro y la vida misma parece un mar de tinieblas. Sin embargo, ahí estás tú alejando los fantasmas y dándome la paz que me hace falta, el apoyo silencioso del que siempre está aunque parezca que no hace nada.

Por eso, hoy, te escribo a ti. Hoy te doy las gracias con estas simples palabras. Y, aunque sean solo palabras, juraré sobre ellas si hace falta para que tengas claro que, pasen los años que pasen, yo seré la luz que aleje tus sombras, el brazo tendido cuando necesites un punto de apoyo, el lugar donde refugiarte cuando tu mundo se vuelva tempestad y creas que no tienes adónde ir.

Lo haré bien por una vez en mi vida. He aprendido de ti, me has enseñado y yo, cómo no, prometo corresponder siempre a esta amistad que me has regalado, que me has hecho vivir desde el día mismo en que te conocí.

Gracias por tanto y perdona el desorden, el revuelo que siempre genero cuando amanece con uno de mis líos, y tú, paciente como solo tú sabes, te limitas a sentarte y escuchar, sea el día que sea, tuvieras los planes que tuvieses.

Así que, simplemente, gracias.

NO TE ESPERO

Quisiera decirte que me arrepiento de todo, pero la verdad es que no me arrepiento de nada. Te viviría una y mil veces más y lloraría siempre las mismas lágrimas con tal de compartir de nuevo ese trecho de mi vida contigo.

Me dicen que fuiste un error, pero no estoy de acuerdo. ¿Cómo pensar algo tan horrendo de alguien que en una ocasión fue toda mi felicidad, mi motivo y mis ganas de sonreír? Alguien con quien pensé en futuro y llegué a dibujar historias lejanas de vida juntos, de mañanas en tus brazos y noches enteras sin dormir bajo el abrigo de las estrellas.

Puede que hoy caminemos senderos opuestos, que lo nuestro terminara y no haya mañana alguno para un «nosotros».

Ambos cometimos los errores que nos han llevado a este punto sin retorno en que ahora nos damos la espalda, confiando en que el mañana consiga curar las heridas que nos hemos dejado.

Pero... **no me arrepiento de haberte vivido**, quiero que eso lo tengas claro. Que lo nuestro no funcionara pesará siempre en mi corazón, en ese hueco tuyo que nadie ocupará nunca. Ten por seguro que guardaré tu recuerdo bajo llave por si un día la vida nos vuelve a cruzar y decides volver a quedarte.

Ya veremos entonces si es verdad aquello de que de los errores se aprende y si es posible que nuestra historia tenga una segunda parte.

Hasta entonces, no te espero. Tuvimos nuestro tiempo y somos pasado. **Seguiré viviendo mi vida y mantendré la ilusión intacta.**

No te sorprendas si vuelves un día y me encuentras, al fin, feliz en ese amor definitivo que sé que me espera a la vuelta de cualquier esquina.

DESAPRENDO DE TI

Nos buscamos hasta encontrarnos, sin saberlo, en otros corazones. Vivimos de pasada en otras vidas que no eran para nosotros, en otras manos, en labios equivocados que no llegaban nunca a saciar ese hueco que ambos teníamos reservado para el otro.

Hay rodeos insalvables, amores que hay que vivir para aprender de ellos. Amores que hay que sufrir.

Supongo que todo lo pasado sirvió para saber amarte. Para hacerlo bien, como te mereces. Quiero creer que, antes de ti, vivía para aprender, para tropezar con todas las piedras necesarias y levantarme siempre sonriendo, consciente de que hay piedras con las que nunca tropezaré de nuevo. No contigo.

Pero ¡qué cosas tiene la vida!: ahora que te vivo, ahora que nos hemos encontrado, me doy cuenta de que cada día desaprendo un poco más. Me traes una vida nueva que deslumbra, que me hace olvidar todo lo malo que el ayer dejó en mí. Desaprendo rápido, además. Dejo atrás los malos hábitos, olvido todo lo que antes era problema y me limito a reaprender de nuevo todo, con otro ritmo, con otra letra.

Antes aprendía para ti, ahora desaprendo contigo. Qué ironía.

Pero no importa.

Si algo he aprendido bien, si algo tengo claro, es que no habrá nunca piedra demasiado grande en mi camino ni obstáculo alguno del que no me pueda volver a levantar si al otro lado de mis dudas estás tú, con la mano tendida y la sonrisa fija en esos labios tuyos que arden cuando me besas.

Aprenderé, ya lo sabes, a no pisar en falso, a no tropezar con las piedras que hayan dejado otros y siempre, siempre, me levantaré sonriendo.

No importa cuántas veces caiga, sino levantarme siempre dispuesto, siempre feliz de saber que esta vida ya no es la misma desde que la camino contigo.

TRENES

La vida es un viaje, uno maravilloso. Hay que disfrutar del camino, dejarse llevar y hacer de la felicidad nuestra mejor compañera.

Me gusta pensar en la vida como una sucesión de historias, momentos que se viven en los diferentes trenes que vamos cogiendo, a bordo de los cuales recorremos el camino que tenemos por delante.

Hay de todo, claro. Trenes de una sola estación, de una sola parada, trenes que pasan y en los que ni siquiera nos fijamos, trenes que llegan entre nubes de vapor, haciendo mucho ruido y otros que llegan y se van completamente en silencio, casi desapercibidos.

Se podría decir que cada paso que damos fuera de ellos es un paso más en nuestra propia estación, en nuestro propio mundo al que llegan miles de historias cada día.

A veces, entre tantas llegadas y salidas, perdemos trenes maravillosos, trenes que no vuelven a pasar. Otras, en cambio, nos montamos sin darnos cuenta en trenes de vida, de esos que te hacen sentir que las decisiones que has tomado son las correctas.

Lo que no puedes olvidar —ni yo tampoco, claro— es que solo nosotros tenemos el poder de decidir qué trenes tomar y cuáles dejar partir vacíos.

El tiempo de viaje es siempre el mismo a pesar de los transbordos que tengas que hacer: una vida.

Por eso, es importante dejar ir aquellos trenes que no nos aporten la felicidad que merecemos y asegurarnos de tomar aquellos que, aunque lleguen en silencio y sin enormes nubes de vapor, sabemos que nos llevarán a destinos que merezcan la pena.

¡Ah! Y no lo olvides: si un tren no te gusta, solo tienes que bajarte en la próxima estación.

SEAMOS ETERNOS

Quiero perderme en tus infinitos para encontrarme en tu cadera, para morder tus lunares mientras orbitas mi planeta. Quiero besar tus estrellas en la noche y ser la luna que ilumine tus sueños, bailar con las nubes de tu mundo cuando me eleves a tus cielos.

Quiero ser la solución a tus problemas, tu motivo y tus ganas de ser feliz. Quiero, cuando te llueva el alma, abrir el paraguas con una sonrisa y sentarme a tu lado, buscando tu mano en silencio para enfrentarnos juntos a todo lo que la vida nos lance.

Quiero ser tus mañanas de chocolate y besos, de no querer salir de la cama para empezar el día porque nada importe más que nuestro abrazo. Ser un «para siempre» que por una vez se cumpla, que tu eternidad se contagie con la mía y así seamos uno por el resto de nuestros días.

Quiero besarte la sonrisa cuando trates de ocultarme las penas, cuando no quieras preocuparme con «cualquier tontería» y prefieras un silencio compartido.

Quiero esta vida que me prometes con cada uno de tus actos, perderme sin remedio en la pradera de tus ojos y encontrarte siempre en el mismo lugar.

Quiero seguir enamorándome cada día de ti y que al mirar atrás, dentro de muchos años, nuestro amor sea la montaña más alta de tu mundo. Y viviremos por siempre en las nubes, bañados por ese mar de estrellas que mecen de tus infinitos.

ESPERAS

Aún no me he acostumbrado a vivir sin ti, a buscar tu mano en mitad de la vida y atrapar solamente aire entre mis dedos mientras vuelvo la mirada, confuso, y no encuentro más que desconocidos a mi alrededor.

Sigo esperando el día en que vuelvas a llamar a mi puerta, con tu sonrisa de medio lado brillando detrás de ese par de ojos tuyos que siempre, siempre, me han hecho sentir parte de algo mucho más grande que yo mismo.

Sigo esperando tu reflejo junto al mío al mirarme en cada escaparate. Sigo esperando para terminar de escribir las páginas en blanco que dejó nuestra historia, para romper las reglas y hacer de aquel punto final un punto y aparte, un salto de línea que, simplemente, dé pie a un nuevo capítulo.

Sigo y seguiré esperando a que vuelvas mientras trato de aprender de nuevo a vivir sin ti, mientras intento reponerme del golpe que fue tu partida y recompongo en mi cabeza el porqué de un adiós callado entre tanto grito.

Sigo esperando, sí, pero no lo haré eternamente.

Sé que la vida es mucho más que esperar sentado por alguien que se empeña en no volver.

Tú me lo enseñaste. A vivir, digo.

Por eso, no te sorprendas si un día vuelves la vista atrás y solo encuentras ausencia en aquel lugar donde solía esperarte.

NUNCA OLVIDES TU CAMINO

Qué fácil es olvidar el camino recorrido cuando se alcanza la meta, cuando se deja atrás todo lo que te llevó allí y buscas nuevos objetivos. Qué sencillo es dejarse llevar por el inconformismo, por las ansias, por esas ganas insaciables de superarte a ti mismo.

Qué fácil es olvidarse de saborear las victorias. Recorremos los senderos que nos llevan hasta ellas y luego las olvidamos al mirar siempre al frente, a un horizonte que nunca podrás alcanzar si con cada nueva meta lo alejas otra vez.

Hay que saber parar, en mitad de la vida, en mitad del camino. Mirar atrás para ver lo lejos que has llegado en lugar de ir siempre con la vista al frente, buscando en el mañana los éxitos que abandonas en el ayer.

Frena el ritmo, coge aire. No te compares con nadie y felicítate por todo lo conseguido. Cada uno tiene sus propios éxitos y tú deberías estar orgulloso de los tuyos. Cada una de tus victorias lleva tu firma, tu sudor, tus ganas. Siéntete orgulloso de todas y cada una de ellas y nunca dejes que otros eclipsen tu progreso.

Luego, avanza de nuevo en pos de tus sueños.

A veces, por culpa de tanto mirar al futuro, nos olvidamos de cómo hemos llegado al presente. Vive tu vida al ritmo que te dé la gana, pero nunca olvides quién eres, tus victorias, tu camino.

QUÉ MÁS DA LO QUE DIGAN

Que hablen, déjalos que hablen. Total, ninguno sabe la verdad, ninguno la quiere saber. Prefieren inventar y decir que escuchar y conocer. Si hemos llegado a donde estamos, no ha sido por ellos, sino por nosotros. Única y exclusivamente por nosotros.

Ninguno conoce nuestra historia, ninguno pregunta. Se limitan a hablar de lo que no saben y viven su propia vida a través de la nuestra. Bueno, pues déjalos que hablen, nosotros conocemos la verdad.

No les des el poder que reclaman, la dedicación que necesitan para seguir hablando sin sentir que están malgastando su vida ante tanta consideración a la nuestra. No, no les dejes que interrumpan, **no les prestes atención.**

Vivamos como lo hemos hecho siempre, mirando sólo hacia el futuro y obviando tanta tontería a nuestro alrededor. **Mientras seamos felices juntos, deja que hable el mundo,** que diga lo que quiera al tiempo que nosotros sonreímos de cara a la galería y seguimos viviendo nuestra propia vida de la forma que nos venga en gana.

Somos libres para vivir como queramos, disfrutemos del camino y que sean otros los que pierdan vida en pre-ocuparse por lo que hagamos.

Qué más da lo que digan, qué importa lo que piensen si nosotros somos felices. Que hablen, que digan, que piensen, y nosotros vivamos y disfrutemos de una vida que se ha vuelto maravillosa desde que la camino a tu lado.

ESTOY BIEN

Miento, claro que miento. Pero bueno, nada nuevo en esto nuestro. Tú, que me dices conocer. Tú, que deberías leer entre sonrisas que algo no anda bien. Tú... ya no eres la suma de mis partes, sino la resta que me rompe cuando intento recomponer el recuerdo marchito de lo que nunca fuimos.

Estoy bien.

En serio.

No te preocupes, que estoy bien, que miento lo que haga falta, aunque me llueva por dentro y se me inunden los ojos cada vez que te enfrento.

Yo estoy bien. Como siempre, dirías tú. Tan bien que parece que nada me afecta, que todo me resbala, ¿no?

Nada siento en realidad. Apenas dueles a pesar de todas las heridas.

Claro. Bien no, genial.

¿Cómo no iba a estarlo?

Si ahora que no estás puedo al fin abrazar toda esta soledad a la que me has condenado. Si tu recuerdo apenas corta aunque sangren mis manos de agarrar siempre las espinas de tu tallo.

Ahora, al fin, puedo llorar por nosotros. Pero a ti te diré que estoy bien, que estoy mejor que nunca, a pesar de que nunca pensé que podría sufrir tanto.

Así que... tú sigue a lo tuyo, que yo... yo estoy bien.

AÚN NO TE QUIERO, PERO...

La verdad, no sabría definir lo que siento por ti. Es un cúmulo de tantas cosas que son difíciles de acotar, pero tengo claro que aunque aún no te quiero, sí que hay un amor creciente detrás de cada palabra, de cada gesto, de cada beso.

Puede que mañana me dé cuenta al fin de qué es todo eso que tiembla dentro de mí cada vez que te veo, qué demonios ruge cuando callas y suspira cuando te acercas como siempre lo haces antes de que nuestros labios se junten.

Detrás de cada «me encantas» brilla la realidad de algo maravilloso que nos encontró así, como hacen todas las cosas buenas, de repente, a la vuelta de una esquina, al anochecer de cualquier día.

Ninguno de los dos esperaba que ocurriera esto, pero ocurrió y ahora no puedo sino dar gracias al destino o a la simple casualidad por hacerme girar en una de las infinitas calles de la vida y encontrarme contigo.

Así que, aunque todavía sea demasiado pronto para hablar de querer, sí que hay un amor muy presente en cada uno de mis actos. Te lo digo así, para que tengas claro que, aunque necesito mi tiempo para llegar a amar, todo está yendo por el buen camino.

Aún no te quiero, pero... todo dentro de mí me grita que estoy a punto de hacerlo.

TAL VEZ

Tal vez no se trate de buscar por buscar, tal vez se trate de vivir sin esperar encontrar. Tal vez sobre con mirar al frente y esperar viviendo, que la vida son cuatro días y sobran las esperas y pérdidas de tiempo.

Basta ya de buscar desesperado el siguiente amor que nos rompa la ilusión, basta ya de abrazar con ansias el primer corazón que se pone a tiro.

Tal vez un «nosotros» correcto te espera al fin a la vuelta de la esquina en la que siempre te enamoras. Esa en la que siempre te pierdes cuando una sonrisa hipnótica te dice cuatro palabras bonitas y te pueden las ganas de no seguir estando solo.

Qué estupidez.

Nos olvidamos de nosotros mismos cuando de amar se trata. Tal vez sufrimos de más por querer de más, tal vez amamos de menos por no saber esperar.

Hay miradas que te hacen mundos mientras tú te empeñas en amar sonrisas. Mira siempre a los ojos y confía en aquella mirada que sostenga tu universo, no en la sonrisa que le dé luz un par de días.

Basta ya de amar por fuera. Tal vez sea el momento de dejarse querer desde dentro. Levantar la mirada y enfrentar la realidad que se esconde detrás de sus ojos, de los tuyos propios, y amar ese reflejo del alma que todos escondemos a simple vista.

TE ENFRENTARÉ

Te enfrentaré como lo he hecho con todo en esta vida antes de ti: con la cara por delante aunque me la parta tu sonrisa, aunque me la rompan los besos que ahora regalas a otros.

Te enfrentaré con fuerza. Gritaré tu nombre al vacío buscando en los ecos que me devuelve tu ausencia un poco de paz, un poco de la melodía que antes regalaba a mis oídos tu risa, la misma que ahora, muda, brilla por su ausencia en este nuevo capítulo de nuestra historia, en este epílogo que languidece a medida que mi corazón se queda sin tinta.

Te enfrentaré porque incluso en la derrota sigo siendo fuerte. Tengo la conciencia tranquila por haberlo dado todo y ahora me siento al fin preparado para caminar sin ti, para poner un pie delante del otro por mucho que mi mundo tiemble mientras te observo alejarte, por mucho que se tambaleen mis cimientos y la noche borre las estrellas que un día alumbraron el camino en medio de nuestras propias tinieblas.

Te enfrentaré a pesar de todo y seguiré aquí cuando me busques, caminando esta vida en la soledad a la que nos hemos condenado mientras buscamos los pedazos de corazón roto olvidados en un pasado que, si bien empezó brillando en nuestro horizonte, terminó cortando las alas de un amor que parecía no tener límites.

Te enfrentaré, sí, y lo haré con la misma fuerza con la que llegué a tu vida, para que nunca olvides lo que pudimos tener, para que recuerdes siempre la clase de amor que te ofrecí desde el principio de nuestros besos, desde el principio de nuestra historia. El amor que tú decidiste hacer pasatiempo.

SÉ LOCO, SÉ RARO, SÉ FELIZ

La vida pasa e, inevitablemente, para todos termina. Ninguno de nosotros va a salir de esta con vida así que... ¿para qué perderla con tanta tontería?

Deja de preocuparte por la sociedad, que no te importen opiniones ajenas, que no influyan en tu forma de ser, que no destruyan tus sueños, que no se metan en tu cabeza.

Deja que cada uno haga lo que le dé la gana. Que hablen, digan o piensen lo que quieran de ti. Ten presente que, mientras se paran a observarte, pierden tiempo de su propia vida. No les des el placer de hacerles caso. No mires, no escuches, no sientas nada más que pena por esos que no saben cómo vivir sus vidas. **Tú, a lo tuyo.** Mira al frente y vive tu vida como te dé la gana, que para eso es tuya, que para eso la tienes.

No ocultes tus sentimientos, cumple tus sueños de uno en uno, alcanza metas y derriba todas las barreras que traten de frenar tu paso. Revuélvete, sé inquieto, sé payaso. No quieras aceptar la forma en que vivan otros.

Tú eres quien decide en tu vida, eres el capitán de tu destino. Nadie, nadie, podrá decirte jamás cómo dirigir tu nave, cómo afrontar las olas del océano, que es el tiempo que tienes, el tiempo que vuela a tu alrededor mientras te olvidas de vivir como en verdad quieres.

Deja que todo resbale, que nada te afecte.
Sé todo lo loco que te apetezca, sé raro.

Lo que la gente normal no entiende es que siendo precisamente «normales» es como se pierde vida. Así que tú, a lo tuyo. Sé raro y que te miren mal, sé loco y que piensen lo que quieran. Mientras juzguen, mientras miren, mientras se rían, seguirán perdiendo vida.

Sé feliz. Es mucho más sencillo de lo que parece. **Sé lo que te dé la gana ser.** El mundo está falto de locos, el mundo necesita más personas como tú.

TODO PASA

Sé lo que es pasarse una noche entera dando vueltas en la cama, tratando de juntar en uno solo todos y cada uno de los problemas que te quitan el sueño. Buscar en el frío del otro lado de la almohada un resquicio de paz para el tormento que te envuelve en la oscuridad.

Sé lo que es abrazar una ausencia, y también sé que nadie es ausencia demasiado tiempo. Llegará un día en que vuelva o se vaya definitivamente, en que no busques sus brazos en las noches de tormenta.

Los golpes, casi siempre, duelen. Es así.

El misterio está en lo que hacemos después. Cada persona es un mundo, pero a la larga, todos elegimos volver a ponernos en pie.

**Así, tras cada nueva caída, habrá siempre
un nuevo «yo puedo», que te refuerce el alma
con cada paso que des.**

Te cansarás de apretar los puños, olvidarás el porqué. Mirarás al frente y dejarás atrás aquella piedra que se cruzó en tu camino un día. Sonreirás de nuevo, ya lo verás.

Será entonces cuando entiendas que te has vuelto a encontrar, que no te habías ido. Y será el mismo viento que te seque las lágrimas el que empuje tus alas y te haga volar de nuevo, hacia ese horizonte que te espera en el mismo lugar de siempre.

Así que, paciencia: **todo pasa aunque duela.**

¿POR QUÉ?

No me arrepiento de nada.

Por qué arrepentirme de vivirte cuando tú has sido el mayor de los milagros, una suerte para mi vida, paz, por una vez, para mi corazón.

Por qué arrepentirme de enamorarme de ti cada día, de dejar que el mundo gire y gire en torno a ti, a tu sonrisa que hace las veces de estrella, que da luz y calor a mi vida, que tiñe de color las paredes más frías y calienta la sangre en mis venas cuando resuenan en mi cabeza los destellos fugaces de felicidad que de ella se desprenden.

Por qué no dar las gracias a los problemas, a los errores. Por qué no vivir en nuestro mundo, dejando a los demás en el suyo con sus maravillosas decisiones. Por qué no disfrutar de lo que sea que nos haya llevado a estar juntos y dejar que la vida siga por los senderos que le dé la gana, mientras sea de tu mano, claro, que luego me pierdo y no te encuentro y resulto pez fuera del agua.

Por qué no seguir avanzando juntos, sin más preocupaciones que nosotros mismos. Por qué no dejar que los demás resuelvan sus problemas, que vivan sus vidas como les apetezca, que no molesten mientras nosotros volvemos la espalda a tanta tontería.

Por qué no limitarnos a nosotros, sin más.

Que le den al mundo, que yo me quedo contigo.

NUESTRO CRUCE

No todos los caminos conducen a tu puerta. Tardé demasiado en darme cuenta de que hay caminos que se alejan de ti, que discurren entre los dedos alargados de tu mano mientras tú los cierras y solo atrapas aire.

Nada queda de nosotros cuando miro atrás y solo siento tristeza. Siento pena por tanto tiempo perdido intentando intentar, tratando de amar a medias para salvar un amor que hacía aguas.

Parece ser que los senderos que un día nos llevaron a dar las gracias por encontrarnos son los mismos que hoy se alejan el uno del otro. Llevan nuestras almas por caminos separados mientras dejamos pedazos cortantes de corazón roto en el suelo de aquel cruce en que un día chocamos por primera vez.

Nunca desandes el camino hasta nuestro cruce, no vaya a ser que te cortes con el pedazo más grande que allí olvidamos y abras de nuevo una de tantas heridas que nos dejamos.

Sufro, claro que sufro.
Pero vivo.

Tú misma me enseñaste que siempre hay horizontes nuevos en el mañana. Basta con acelerar el paso para que los primeros rayos de sol espanten las sombras de un amor que, por desgracia, quedó a medias aquel día en que decidimos rompernos las ganas.

¿CUÁNTO HAY QUE AGUANTAR?

Cuántas veces habré perdido por miedo a perder, cuántas habré callado por miedo a las consecuencias, cuántas veces no habré sido yo. A todos nos pasa, todos nos descuidamos en algún punto por algo o por alguien. Cedemos más y más terreno por salvar una amistad o una relación. Hasta que llega un punto en que nos preguntamos en qué momento dejamos de ser como en realidad somos.

Sabéis de lo que hablo, ¿verdad?

Esa sensación horrorosa con la que te levantas una mañana cuando la realidad de lo que está pasando te golpea. Te das cuenta de lo lejos que queda tu determinación, tu propia personalidad. Comprendes que por el camino se han perdido los «nunca más volveré a...», «no permitiré que...», «jamás...» y sientes rabia, mucha rabia.

Deseas coger el teléfono y romper con todo, deseas volver a ser ese «tú» de antes, el decidido, el que nunca volvería a pasar por lo mismo.

Pero todo deseo se pierde al pensar en las consecuencias. Todo queda en nada cuando te percatas de que hacer eso significaría perder a esa persona que mantienes a tu lado a pesar de todo.

¿Dónde están los límites? ¿Cuánto hay que luchar antes de darlo todo por perdido?

Ojalá lo supiera.

Ojalá yo mismo fuera capaz de coger ese teléfono y romper con todo.

Quizá así recuperara ese yo que tanto ansío, o quizá descubriera que hay personas que merecen la pena, que merecen todo ese esfuerzo.

Respuestas.

Eso quiero.

Respuesta a preguntas que ni siquiera sé formular.

Marcar límites, plazos... ¿de qué sirven si al final nunca se respetan?

DISTANCIA

Odio la distancia. Odio el mundo que nos separa. Odio no poder abrazarte cuando mi alma necesita de tus brazos, no poder besarte cuando mis labios rozan la soledad del vacío que se interpone entre nuestros corazones.

Odio cada centímetro de ausencia que me devuelven los ecos que produce mi voz cuando te llamo a gritos, cuando cierro mis dedos en el aire al buscar a tientas tu mano en la distancia y nunca alcanzo a rozar siquiera el recuerdo de tu tacto.

Odio la espera a la que nos vemos obligados tras cada nueva despedida, el sabor amargo de los besos bañados en lágrimas cuando el tren hace su última llamada y te alejas de nuevo de mi lado.

Lo odio, sí.

¿Cómo no odiar esta distancia que nos separa?

Aun así, no te confundas. Amarte es una de las mejores cosas que me ha pasado en la vida. No te cambiaría por nada y te volvería a elegir siempre. Por mucha distancia que se interponga entre nuestros cuerpos, lo que importa lo llevamos dentro.

Llegará el día en que te tenga al fin a mi lado, en que no haya más despedidas y de una vez podamos decir cada noche aquello de «mañana nos vemos», podamos vivir sin preocuparnos por el tiempo que nos queda antes de un nuevo adiós y no haya cuenta atrás de te quieros pegada a tus labios antes de tener que volver a la soledad de tu ausencia en la distancia.

Hasta entonces aquí seguiré, amándote con todo, de la única forma que sé. Estoy convencido de que no hay distancia que esté demasiado lejos cuando de amar se trata. **Si somos felices juntos, poco importan los kilómetros.** Diez minutos a tu lado bien valen diez años de ausencia.

AMOR DE HERMANOS

Si algo tengo claro en esta vida es la suerte de no haber crecido solo, de tener alguien con quien compartí la infancia, con quien compartí juegos e ilusiones, sueños y pasiones.

Puede que no siempre haya sido el mejor hermano del mundo, que mis defectos dolieran y mis estupideces estuvieran fuera de lugar. Puede que con el paso de los años creciera la distancia y perdiéramos parte de las cosas que antes tanto nos unían. Supongo que es ley de vida. Cada uno madura de una manera y es un mundo en sí mismo, un mundo libre que vive y gira en torno a su propia estrella.

No digo que eso sea algo malo. Solo me he parado a recordar los viejos tiempos, las risas y cabreos diarios que ahora tanto echo de menos. Por Dios... si aún me acuerdo de cuando jugábamos al escondite y siempre acabábamos escondidos en los mismos sitios de la casa, cuando las culpas de uno eran las del otro y los castigos llegaban siempre por partida doble.

Lo recuerdo todo.

Por eso te digo: gracias. Por estar siempre ahí cuando los demás no estaban, por aguantar mis llantos y cabreos, por ser siempre el abrazo en que refugiarme cuando a la vida le daba por soplar fuerte, haciendo temblar incluso mis cimientos, y nadie más que tú era capaz de verlo.

Gracias por los años ganados, por las risas, por los sueños. Gracias por seguir ahí a pesar de los daños, por perdonar antes incluso de escuchar disculpa alguna, gracias por tener la paciencia que yo no tengo.

Gracias por ser como eres, por hacer de mi vida algo mejor. Gracias por quererme como solo se quieren los hermanos.

No olvides que en mí siempre hallarás el apoyo que te falte, las fuerzas que necesites y el abrazo que calme las penas que te cause la vida, el tiempo o cualquier idiota que no sepa valorarte.

Aquí estaré siempre, como siempre he estado.

Te quiero.

MIRANDO ATRÁS

Y así, sin más, te fuiste para siempre. No fue fácil aceptarlo, no llegué a verlo venir. Sé que necesito avanzar, demasiadas lágrimas han caído ya de estos ojos secos, pero no es fácil mirar hacia delante cuando tu recuerdo te mantiene viva en cada bocanada de aire que respiro.

La vida y sus caprichos te apartaron de mi lado, haciendo inútiles los intentos por retener en el tiempo el eco de tu aroma recién levantada, el suave tacto de tu piel en mi piel o el simple roce de nuestros pies desnudos bajo unas sábanas revueltas.

Tantas veces he querido hablar contigo... tantas veces he fallado en mi intento de no volver a quebrarme en dos y gritar tu nombre al vacío de la soledad a la que me has condenado. Te culpo a ti, sí, pero también me culpo a mí por no haber sido capaz de verlo venir.

Ojalá hubiese aprendido a leer en el ocaso de tu sonrisa que algo no iba bien. Sé que poco habría cambiado el guion, pero al menos todo esto habría sido cosa de dos y yo me sentiría un poco menos idiota, menos asustado de mirar atrás cada vez que trato de avanzar.

Porque sé que al mirar atrás tropiezo y caigo de nuevo, de la misma forma que sé que al mirar al frente y no verte, tiemblo. Por eso, aunque sé que volviendo mis ojos hacia ti no consigo nada, no puedo evitar hacerlo aun a sabiendas de que lo único que me espera es una nueva caída.

A base de tropezar, espero, aprenderé a caminar de nuevo, **y cuanto más camine más me alejaré de ti**, hasta llegar a un momento en que tu recuerdo no sea más que una pequeña mota en el horizonte, a punto de fundirse con el amanecer de un sol radiante que me lleve a entornar los ojos en la última mirada que, al fin, te concederé.

¿POR QUÉ ELLA?

Porque ella sonríe y el mundo desaparece. Porque con ella todos los problemas son menos grandes y la vida misma da media vuelta al verla pasar. Porque con ella me siento el hombre más afortunado del mundo y adoro encontrar su mirada al otro lado de mis dudas, al otro lado de los miedos que un día me puedan asaltar.

¿Por qué ella? Porque no hay en el mundo otro lugar en el que yo querría estar que no sea tumbado en su abrazo, escuchando el latir de ese corazón suyo que parece empujar la sangre en mis venas mientras, con cada respiración, su pecho se mece al compás de un ritmo que solamente nosotros somos capaces de escuchar.

¿Por qué ella? Porque no hay estrella que brille más fuerte ni luz más pura que la de su mirar, porque hasta la luna misma le tiene envidia cuando sale por la noche a pasear, cuando el viento gélido sopla en sus mejillas y eriza la piel más suave y bonita que un día mis dedos osaran rozar.

¿Todavía sigues preguntando que por qué ella? Porque ella es el amor de mi vida, ella es el milagro que siempre esperé y nunca ocurría, ella lo es todo y, a mis ojos, no hay sonrisa más bonita, ni abrazo más cálido, ni miradas con más amor que las que en sus ojos se dibujan. No hay en este mundo una sola mujer capaz de hacerme dudar siquiera de que ella, y solo ella, es la única a la que mis ojos quieren mirar, a la que mis labios quieren besar y a la que mi corazón está dispuesto a entregarse sin mirar atrás.

Porque con ella arriesgaría hasta el último trozo de corazón roto que todavía hoy encuentro cuando trato de recolocar todos estos sentimientos. Con ella me lanzaría al vacío más oscuro y lo haría sonriendo, pues sé que no hay sombra que con su luz no pueda espantar.

¿Por qué ella? ¿Te lo repito? Porque ella es la única, siempre lo será.

NUNCA OLVIDES DE DÓNDE VIENES

Hablemos, un momento, del pasado. De todo lo que nos ha traído a este punto. Tomémonos un rato para reflexionar, para evitar olvidar lo vivido, lo sufrido, lo luchado. Que no caiga en el olvido, que no se pierda en el camino.

Detengámonos unos segundos y miremos atrás, que parece que con las prisas con que vivimos, únicamente sabemos fijar la vista al frente, en busca de nuevos horizontes, de nuevas metas.

Bien, ahora que te has parado, ahora que tengo tu atención, viajemos atrás. Piensa en las batallas que has superado, los amores que te han robado un pedazo de corazón, piensa en los fracasos, en los tropiezos que te han ido enseñando a levantarte siempre un poco más fuerte, a no bajar los brazos cuando las cosas se ponen feas, piensa en todos los obstáculos que han querido frenarte y nunca lo han conseguido.

Recuerda quién estuvo ahí, quién sigue y quién nunca más estará. Valora, sobre todo, a los que han sabido estar siempre, a los que se han esforzado cada día por mantenerse a tu lado y que, aún hoy, siguen haciéndolo. **No los pierdas, merecen la pena.**

Haz memoria y vuelve a sentir lo ya sentido, vuelve a revivir ese pasado que te ha convertido en lo que eres hoy. Mira atrás y luego al presente, entiende que lo que tienes ahora lo conseguiste ya hace mucho tiempo. Que lo que eres, lo que sientes se debe a todo lo que has pasado, a todo lo que te ha tocado vivir antes de llegar al punto en que ahora te encuentras.

A veces, cometemos el error de olvidar. Creemos que siempre hemos sido como somos ahora y no nos paramos nunca a mirar atrás. Dejamos lo vivido en el pasado y lo guardamos para pensarlo algún día que nunca llega.

No cometas ese error.

De vez en cuando, párate y recuerda. Revive tu vida, lo bueno y lo malo, todo, para entenderte un poquito mejor. Ya luego preocúpate de entender el mundo, que bastante complicado es ya de por sí como para enfrentarlo olvidando que la vida no se limita al presente y al futuro. También existe un pasado, un camino que hemos dejado atrás pero que, aun quedando a nuestra espalda, suele ser la mayor y mejor fuente de sabiduría.

Nunca subestimes tu propia experiencia.
Nunca te olvides de mirar atrás.

RUTINA

Costumbres hacen leyes, dicen, y cuánta razón.

Me acostumbré a tantas cosas contigo que al final era imposible salirse de ese guión. Cada día, cada palabra parecía medida, encajada en una forma de actuar obligada entre nosotros.

Me acostumbré a pedir perdón, **a pesar de saber que el problema no era yo.** Me acostumbré a callar, a sonreír cuando lo único que quería era llorar. Me acostumbré a ti.

Menudo error.

Por costumbre, seguimos juntos y no sabes hoy cuánto me arrepiento. Cuánto tiempo perdido entre horas y días de discusiones continuas que, en nuestra rutina, parecían no tener mayor importancia.

Pero vaya si la tenían.

Ahora lo veo. **Ahora veo cómo nos mató la costumbre, la rutina.**

Menos mal que de los errores se aprende.

Ahora sé que no hay rutina que valga y casi te doy las gracias por el tiempo perdido en esa cadencia nuestra.

Me has enseñado que no todo vale, que si se apaga la luz hay que volver a encenderla antes de quedarse ciegos, antes de perder por idiotas algo que pudimos haber salvado.

VALÓRATE COMO DEBERÍAS

No te imaginas cuántos de mis suspiros llevan tu nombre, cuántas de mis mañanas amanecen con la alegría de saber que voy a poder verte aunque sea un solo instante.

Si tú también lo supieras, puede que el mundo te pareciera un poco menos terrible, un poco menos malo. Quizá entonces perderías el vértigo que te da vivir como a ti te dé la gana y te alejarías de esas compañías que consumen tu energía y que te cortan las alas.

Quizá, si te pararas a mirar a tu alrededor, me vieras oculto entre el mar de personas que observan tu caminar. Me reconocerás, estoy seguro, pues seré el único incapaz de apartar la mirada cuando tus ojos desafiantes se crucen con los míos.

Ojalá entonces te veas en su reflejo tal como yo te veo. Hace tiempo que sospecho que personas como tú pasan una sola vez en la vida. Quizá lo único que necesitas, para romper al fin con el molde, es verlo tú misma.

Odio que no te valores como deberías, la avalancha de dudas que te asaltan por culpa de la sociedad idiota en la que vivimos, llena de estándares y reglas no escritas.

Está tan llena de falsedades que oculta por completo la belleza de tu pureza, única en ti misma, y que solamente yo parezco capaz de verla.

Cómo desearía poder entrar en tu cabeza y construir muros tan gruesos que ninguna opinión consiga traspasarlos. Plantar de paso un par de piropos con los que despiertes cada mañana y dejar caer por accidente mi nombre, para que resuene de vez en cuando y así, cuando al fin me veas y me presente, sepas que soy yo, que siempre he sido yo.

Déjame que te mire y piérdete en mis ojos, quizá así comprendas que a lo que tú llamas defectos, yo les pongo tu nombre, y sueño con abrazarme a ellos cada noche.

AMOR

VIAJAR PARA VIVIR

Ojalá viajar, ojalá. Dejar atrás la vida por un tiempo y vivir de verdad. Conocer personas, conocer mundo. Viajar por viajar, viajar por vivir. Olvidar en casa todo aquello que no sea el presente y disfrutar del camino.

Hay todo un mundo ahí fuera esperando a que mis ojos lo recorran al ritmo de mis pasos. A que me encuentre en mitad de un lugar desconocido y mi corazón se acelere consciente de todas las nuevas aventuras que se abran ante mí.

La vida es mucho más que quedarse siempre en la misma ciudad, en la misma casa. Mucho más que las responsabilidades que nos cargan la espalda, que las rutinas que se instalan en nuestro día a día. Hay que rebelarse contra todo eso. Cambiar el peso del día a día por el de una buena mochila llena de aventuras, llena de sitios nuevos y culturas diferentes que experimentar.

¡Hay que vivir!

Con la sonrisa dispuesta y las ganas intactas. Buscando en cada destino algo nuevo que llevar a casa, algo que un día nos recuerde que vivimos la vida como nos dio la gana.

Viaja si puedes, y si no, viaja también. Llena tu maleta de recuerdos y, te lo aseguro, llegará un día en que mires atrás y des las gracias por todo lo vivido.

Ojalá viajar, sí.
Viajar para vivir.

CUANDO TE ENCUENTRE

Cuando te encuentre, dejaré atrás todas las dudas, todos los miedos que me puedan rondar el alma por culpa de un pasado que nada tiene que ver contigo, me dejaré llevar por el amor que traigas y de tu aliento haré viento que eleve mis alas.

Cuando te encuentre sonreiré como nunca he sonreído. Bueno, puede que como haya sonreído otras veces pero, al menos, en esta ocasión tengo clara una cosa: por mucho que me hayan roto la sonrisa antes de ti, jamás dejaré que se pierda de nuevo.

Cuando te encuentre me dejaré llevar, por mucho que haya dicho que ya no creo en el amor, por muy desencantado que me haya dejado hasta el día de hoy, por muchas capas de fría desesperanza que haya puesto sobre mis sentimientos... por todo lo que perdí cuando creí ganar y por cada día robado desde entonces, me dejaré llevar. Por ti, por nosotros.

Cuando te encuentre trataré de darlo todo, como siempre he hecho. No creo que te merezcas menos. Lo di todo por otras personas que estuvieron antes de ti y, aunque ya no estén y tras de sí solamente hayan dejado pedazos rotos de ilusión, apostaré de nuevo cada uno de esos pedazos por ti. **Soy así, no sé amar a medias.**

Cuando te encuentre te amaré. Así, sin más. Tengo decidido amarte lo mejor que sepa y, espero, que tú me ames igual. No es nada personal, solo que ya estoy cansado de amores que prometen eternidad cuando ni siquiera son capaces de demostrar mañana, cuando rompen promesas sencillas y descubres que para amar así, es mejor no hacerlo de ninguna manera.

Cuando te encuentre, lo sé, seré feliz contigo. Hasta entonces, seguiré siendo feliz así, a mi manera. He descubierto que me caigo bastante bien y, si te soy sincero, podré soportar la espera.

Eso sí, no tardes demasiado, no vaya a ser que entre medias me dé por encontrar otro de esos amores que ni son amores ni son nada. Así que, si por un casual lees esto, recuerda que te estoy esperando con la ilusión remendada y el corazón maltrecho... **pero con las ganas intactas.**

AMOR MORIBUNDO

Dijimos adiós como quien deja escapar un suspiro. Nos dimos la espalda y ahora me pregunto si era ese el final que nos merecíamos. Nos perdimos prácticamente después de encontrarnos. En lo que tarda un parpadeo las discusiones sucedieron a las risas y las lágrimas empañaron los cristales de nuestro amor.

No digo que hubiera futuro alguno para nosotros, solo que tal vez perdimos el presente al no aceptarnos, al querer cambiarnos mutuamente para hacer del otro ese amor que ambos teníamos en mente antes de cruzar nuestros caminos.

Está claro que los dos fallamos, que la culpa no es de uno u otro y que, por querer jugar con fuego, nos terminamos quemando las alas antes de emprender el vuelo, antes de saber siquiera si lo nuestro merecía el esfuerzo.

Tanto fue así, que los dos dimos al moribundo por muerto, perdiendo el pulso entre los dedos al tiempo que nos alejábamos, cada uno por su lado, dejando en el pasado la duda jamás resuelta de lo que pudo ser y jamás será de nuevo.

ABUELO, OJALÁ FUERAS ETERNO

Mi abuelo siempre decía que el mejor regalo del mundo es el tiempo que tenemos y que nos pertenece de nacimiento. Yo digo que no, que el mejor regalo del mundo son las personas que forman parte inherente de nuestra vida, esas que te aman incondicionalmente desde que naces. **Y es que para mí, el mejor regalo del mundo eres tú, abuelo.**

Puede que con los años te hayas vuelto algo cascarrabias, puede que ya no quieras formar parte de las conversaciones porque apenas eres capaz de seguirlas, puede que desde hace algún tiempo pases más horas durmiendo que despierto y puede que últimamente te hayas olvidado hasta de ti mismo. Pero yo no olvido, ni olvidaré.

Porque fuiste tú quien siempre estuvo ahí cuando los demás no estaban, fuiste el horizonte que deseé alcanzar y seguirás siendo el espejo en el que mirarme. Porque sé que llegar a ser como tú significará haber triunfado, haber aprendido tanto que incluso la vida misma venere cada uno de tus pasos.

Tiemblo solo con la idea de pensar que un día puedas llegar a faltarme. Sé que contigo se irá una parte de mí, un pilar tan importante en mi ser que sospecho que perderte pueda ser perderme yo mismo.

La vida es cruel por avanzar tan deprisa... el mundo gira demasiado rápido. De tus andares tambaleantes nacen mis miedos; de tu voz sin fuerza, mi desesperanza. Ojalá poder regalarte de mis años, ojalá devolverte al menos una sola parte de todo lo que me has dado.

Cómo desearía parar el tiempo, descarrilar la vida y frenar ese momento. ¡Oh, abuelo! **Cómo desearía que fueras eterno.**

SI ME VAS A QUERER, QUE SE NOTE

Si te vas a enamorar de mí, hazlo bien, **nunca a medias.** Si me vas a querer, que se note en tus actos y no en tus palabras. No me digas «te quiero» si antes no me lo has demostrado.

Enamórate de lo que no me gusta ni a mí, de lo otro se enamora cualquiera. Conóceme tan profundamente que seas capaz de saber antes que yo mismo que algo me pasa, que algo no anda bien por mucho que sonría. Sé capaz de ver en la sombra de mi mirar la verdad de lo que no digo, lo que callo y me guardo para mí.

Si te vas a enamorar, te aviso, **no soy fácil.** Tengo mil y una manías que la mayoría ni siquiera entienden, pero que forman parte de lo que soy y que seguirán ahí por mucho que no te gusten. Así que, si te vas a enamorar, enamórate primero de todo eso y no me hagas perder el tiempo, que ya he perdido bastante.

Con los años he aprendido que los que de verdad quieren estar conmigo lo demuestran cada día.

Ahí está el listón, acéptalo o no lo hagas. Eso sí, no te pido nada que yo no haría. Si te digo que quiero hechos y no palabras, es precisamente porque yo haría exactamente lo mismo contigo.

Por eso, si me vas a querer, que se note, que me sienta querido desde el primer día y, sobre todo, que no se estanque. Enamorémonos cada día como si fuera la primera vez, que los pequeños gestos se conviertan en grandes victorias cuando de ti o de mí se trate.

Hagamos de cada día algo único, hagamos de cada beso algo especial. Así, cuando volvamos la vista atrás y observemos todo lo que hayamos vivido juntos, tendremos la seguridad de haber amado con todo, la tranquilidad de que éramos la persona adecuada para el otro.

ME OLVIDARÉ DE TI

Me olvidaré de ti, de tu olor, de tu nombre. Olvidaré tu recuerdo y lo lanzaré lejos, allí donde mi corazón no alcance, donde mi alma se pierda y no haya forma alguna de volver a encontrarte.

Me olvidaré de que mi amor por ti hacía que todo lo demás me sobrara, que nadie era capaz de llenar tu ausencia cuando faltabas, cuando rompías tus promesas y me hablabas con cuchillas afiladas que cortaban mis ilusiones, mis fuerzas, mis ganas.

Me olvidaré de cada lágrima que se perdió por ti, de las noches en vela buscando un abrazo que nunca llegaba. Olvidaré el sabor de tus labios, el calor de tu cuerpo y cada breve instante de felicidad pasada que siempre me asalta cuando me propongo olvidarte de nuevo.

Pero esta vez no. No dejaré que el espejismo de lo que no eres gane de nuevo. Ya no tengo más pedazos de corazón para ti. Arrancaste el último con aquella mirada vacía en que me vi reflejado, en que me di cuenta de que no hay nada para mí en ti.

Pero qué idiota fui.
Por eso digo basta.
Me olvidaré al fin de ti, es así.
Me acordaré por una vez de mí.

CARTA A MI YO DEL FUTURO

No te imagino. Por más que lo intento soy incapaz de saber adónde has ido a parar o qué demonios estarás haciendo. Me pregunto si habrás acabado la universidad, si estarás trabajando en lo tuyo y si al final te has tenido que ir fuera o si encontraste algo aquí, cerca de casa.

Me pregunto cómo serás, cómo te habrán tratado los años. Engordaste, ¿verdad? No, mejor no me lo digas.

Cuéntame que todavía queda mucho de mí en ti. Me gusto. Me gusto muchísimo y odiaría que me dijeras que he ido desapareciendo poco a poco, que si me hablaran de ti sería imposible creer que soy yo y que todo lo que soy ahora se perdió por el camino. Te prohíbo que eso ocurra. Me lo prohíbo aquí y ahora.

Pero, en fin, ¡cuéntame!

¿Sigues buscando a esa persona o la has encontrado ya? ¿Es tan increíble como creíamos que iba a ser? Seguro que sí. Apuesto a que te despiertas cada mañana preguntándote qué hicimos para que se enamorara de nosotros. Ya podías decirme cuánto falta más o menos para eso... así me despreocupo hasta entonces. Anda que no me ahorraría quebraderos de cabeza, ya me entiendes.

No, no pares, dime cada cosa que has vivido y cuéntame de aquello que has perdido. Háblame del mundo que me espera, de los que se han ido y de los que están por llegar. Dime quién se fue cuando te hizo falta y quién estuvo ahí en los malos momentos. **Dime quién sí y quién no, incluso dime quién nunca más.**

Cuéntame que sabes más, que no te has parado, que no te has limitado a mirar pasar la vida por la ventana y que te has bajado en cada estación, que has volado alto y que ya sabes por fin a qué saben las nubes.

Dime que nuestro pasado forma parte de tu presente y que cada día que te miras al espejo sigues viendo a aquel niño que un día fuimos. No le olvides a él, ni a mí. No olvides quién eres, quiénes somos.

No dejes que el mundo te cambie, pero no te olvides de cambiar el mundo. Nada es demasiado grande, nada está demasiado lejos. Hace mucho que aprendimos que del esfuerzo nacen las alegrías y que los caminos se acortan cuando se recorren con una sonrisa en el corazón.

Sigue haciendo lo que te haga feliz. **Vive tus sueños.** Espero que sean nuevos y que los que yo tengo ahora mismo ya los hayas vivido tiempo atrás. Cumple objetivos y luego márcate unos nuevos, como hemos hecho siempre.

Ámate. Nadie te amará nunca de la forma en la que tú mismo lo haces. Ya lo decía la abuela: «Si no te quieres tú... quién te va a querer». Si no quieres hacerme caso a mí, al menos hazle caso a ella.

No cambies, al menos no demasiado. Bueno, da igual, cambia si quieres, pero sigue siendo tú, ya me entiendes.

No me pierdas por el camino. A estas alturas ya te habrás dado cuenta de que la vida no es tan larga como nos parecía al principio, así que no te olvides de dónde vienes, porque allá donde vayas yo siempre iré contigo.

NO TE CONFORMES

No te conformes con alguien que no te merezca, con un trabajo que no te llene, con una carrera que no te guste. Vive sin arrepentirte de nada, toma tus propias decisiones y nunca dejes que sean otros los que controlen tu alma.

No te conformes con sonrisas a medias, con medios amores. Que no entre en tu vida nadie que no lo merezca y, si entran sin que te des cuenta, échalos a patadas antes de que se conviertan en el motivo de tus lágrimas.

No te conformes con miradas vacías. Quédate siempre con los ojos que te reten cuando vuestras miradas se crucen y deja a un lado todas aquellas miradas que no sean capaces de dejar salir los secretos que esconden. No todos, está claro. Cada uno tiene sus propias historias privadas. Pero desconfía de cualquier mirada vacía, de todo aquel que se esconda tras una fachada.

No te conformes con cruzar las metas que se hayan marcado otros. Busca tu propio camino, tropieza las veces que haga falta y nunca pierdas la esperanza, la ilusión, las ganas. Toda mala decisión tendrá sus consecuencias, obviamente, pero todo pasa. Siempre llegará mañana con un nuevo sol, con un nuevo día. Una página en blanco para seguir escribiendo tu propia historia, tu propia vida.

Tienes todo lo que te hace falta para triunfar.
Está ahí, al alcance de tu propio esfuerzo.

Por eso, no te conformes nunca, sigue avanzando en pos de tus sueños y no dejes que nadie influya. No olvides que tienes el poder de fijar tus propios límites, así que nunca dudes en empujarlos tanto como te haga falta. La vida es mucho más que conformarse, mucho más que aceptar lo dado y sentirse a gusto con ello.

Lucha, revuélvete y sal a comerte el mundo
de una vez por todas.

¿TIEMPO PERDIDO?

Qué difícil es dejar de pensarte, dejar de echarte de menos, dejar de amarte. Qué difícil es decirle adiós a tu recuerdo, esquivar el sabor de tus besos, volver a enamorarme de nuevo.

No digo que pensara que fuera a ser fácil dejarte atrás. Cuando lo nuestro terminó supe que sería tu nombre lo primero que buscaría siempre al coger el móvil y que te escribiría mil doscientas veces... y serían mil doscientas una las veces que borraría lo escrito, que apagaría el teléfono y enterraría de nuevo la cabeza en mis manos. Creí que serías el amor de una vida y resultó que te perdí antes incluso de darme cuenta.

Nos perdimos, mejor dicho. No sería justo cargar solo uno con las culpas. Yo no era lo que buscabas y tú no llegaste a colmar mis ilusiones, mis ganas de luchar por algo que, tal vez, nunca debería haber empezado.

Aun así, no me arrepiento. ¿Por qué iba a hacerlo? Ahora los dos somos ligeramente más sabios y aprendimos por las malas qué es exactamente lo que no queremos. Lo tengo claro, eso bien valió mi tiempo.

YO NO SABÍA DE TI

Yo no sabía que llegarías, no sabía que romperías las barreras levantadas en las huidas de otros corazones antes de ti. No conocía el poder de un beso, el calor del fuego de tus labios cuando rozaste los míos y robaste del cielo el brillo de la luna, para posarla en mis ojos cuando nuestras miradas se encontraron.

Yo no sabía que se podía amar tanto sin esperar nada a cambio, no sabía de las horas que uno puede pasar mirando a ninguna parte recordando tu sonrisa, recordando el sonido de tu risa, el eco de la misma rebotando en las paredes de mi pecho, dándole el aire a mis pulmones con el que seguir viviendo.

Yo no sabía de las noches a oscuras abrazando el universo, rodeando con mis brazos los latidos de tu corazón cuando, dormida, el sueño te vence y se vuelve noche el día y las estrellas bailan al ritmo pausado de tu respiración.

No sabía de las ganas de mi propio pecho de unirse a la danza, buscando el ritmo de forma inconsciente mientras mi cabeza da vueltas en torno a ti, cómo no, alrededor de esta felicidad de seda que me roza el alma cada vez que te tengo cerca.

Yo no sabía de los amaneceres que dependen de tu despertar, de los días de lluvia cuando tus ojos lloran. No conocía el viento huracanado de tu llanto, ni la luz cegadora que tu sonrisa provoca cuando el sol se muere de envidia, cuando se ve obligado a brillar como nunca para no verse eclipsado por tanta luz, por tanta belleza que nace de ti.

Yo no sabía de esos ojos. No sabía de la perdición que encierran cuando miras, cuando me haces perderme en su verde pradera y me encuentras siempre en el mismo lugar, mirándote embobado y sin saber muy bien qué decir.

Yo no sabía... yo no sabía de ti.

No sabía de tus andares, de tus labios. No sabía amar como te amo. No sabía nada y ahora aprendo, ahora vivo por fin.

AMOR

POR UNA VEZ...

Ella vive su vida provocando sonrisas, provocando sueños. Eleva el pulso de todo aquel que la observa cuando sus miradas cruzan, cuando se saben perdidos en el verso infinito que prometen sus labios.

Lleva tatuadas en el alma las cicatrices de antiguas batallas y las luce orgullosa, pues sabe que no hay derrota alguna que la defina. Mantiene intacto su corazón a pesar de tanto idiota que no supo cuidarlo, que permitió que se rompiera en pedazos a golpes de realidad.

Aun así, ella siempre recoge los pedazos y los vuelve a juntar con paciencia, manteniendo la ilusión a buen recaudo para que nadie se la robe un día. Y es que, de la misma forma que sabe que no hay derrota que la defina, es consciente de que el amor es mucho más grande que un puñado de malas experiencias.

Por eso ella no abandona la alegría, nunca tira la toalla. Sigue buscando a su alrededor unos ojos que la reten, que la obliguen a detenerse, coger aire y lanzarse de nuevo al vacío confiando en que, por una vez, no sea su propio corazón el que frene la caída.

SÉ FELIZ EN TU RAREZA

No hay nada malo en ser raro, en ser diferente, en ser tú mismo. La vida es mucho más que preocuparse por el qué dirán. Hay que saber elegir las batallas en las que quemar nuestras fuerzas y esta no es una de ellas. Deja que hablen, que digan lo que quieran. Tú, a lo tuyo.

Sé feliz con lo que eres, con la persona en la que te has ido convirtiendo con el paso de los años. **Haz aquello que te haga feliz a ti y no trates de hacer feliz al mundo.** Nunca tendrán bastante, nunca será suficiente. Por mucho que cambies, por mucho que trates de encajar en ese molde de normalidad en el que todo el mundo se ahoga, nunca lo conseguirás del todo.

Qué más da.

Si te quieren catalogar de raro, que lo hagan.
Tú, sé feliz en tu rareza.

Vive la vida a tu manera y no pierdas ni un segundo en tratar de contentar a otros. Aquellos que te acepten como eres, sin intentar cambiar nada en ti, serán siempre los que merezcan la pena.

No eres tú quien debe encajar en la sociedad, es la sociedad la que debe entender que el mayor tesoro que tenemos cada uno de nosotros son nuestras propias rarezas.

SE FUE

No dijo adiós, ¿para qué? Simplemente, se fue. Se alejó de mí como quien se aleja de una colilla humeante en el suelo después de haberla rozado con los labios, después de encender en mí el fuego de este amor que ahora no es más que humo.

Se fue.

Me dejó con el corazón en la mano tendida, con la esperanza aún envuelta para regalo y un tic en la comisura de la boca, allí donde antes hubiera sonrisas y besos. Rompió con todo lo que habíamos creado y ahora su recuerdo desgarra mi alma, se retuerce dentro y me engaña.

Se fue.
Y yo sigo enamorado.

Me aferro al dolor de su ausencia y dejo que la vida siga, sin darme cuenta de lo falso de ese recuerdo suyo al que doy vida con cada lágrima.

Se fue, sí, y no volverá de nuevo. Y mientras, yo sigo aquí en el vacío que dejó tras de sí, hablando con el eco de todo lo que un día no le dije, todo lo que ella no me dijo a mí.

Tal vez, si los silencios hubieran sido menos, ahora no existiría este silencio permanente en mi vida. Tal vez, si en vez de callar hubiéramos gritado todo lo que nos ardía dentro, no nos hubiésemos consumido de silencio en silencio.

Se fue.
Y yo no consigo irme.

ALGÚN DÍA: ELLA

Ella llega y te rompe los esquemas, te quita las penas y eriza tu piel con solo una mirada. Ella sana cuando besa, cuando roza tus heridas y te hace olvidar lo sufrido. Deja en el pasado todo aquello que llevabas aún contigo y te hace vivir un presente con tintes de futuro, con tintes de una felicidad olvidada hacía tiempo.

Ella aparece siempre cuando menos la esperas, cuando dejas de buscarla y te conformas con medios amores, con medias vidas. Llega cuando tiene que llegar, cuando ella considera que es su turno y nunca antes, pues es libre y ni siquiera cuando sea tuya dejará de serlo. **Será libre y suya, siempre.**

Y tú... serás suyo. Irremediablemente suyo.

Ella no te cambiará, no te hará llorar de forma innecesaria ni traerá consigo daño alguno. Brillará siempre con esa luz que te salpica el alma, como rayo que se cuela por tu ventana cerrada.

Ahuyentará las sombras y no habrá mañana alguna en la que no te despiertes con su nombre en los labios, deseando besar esa promesa de felicidad eterna que traerá consigo cuando llegue.

Pues llegará. Algún día.

Hasta entonces, no te pierdas. **Vive tu vida y tropieza las veces que haga falta.** Búscala en cada mirada, en cada beso, en cada «te quiero». La encontrarás, te lo aseguro, y cambiará tu vida del mismo modo en que tú cambiarás la suya. Ahí está la clave. Os encontraréis el uno al otro en el momento preciso. Cuando ella se entregue y tú la veas al fin, acurrucada en tu abrazo y con la tranquilidad de saber que, por una vez, tú también te habrás entregado a alguien que de verdad lo merezca.

AMORES

A veces te cambian la vida, otras te la dan, otras te la quitan. A veces llegan y se van, otras se quedan, otras no tienes claro si todavía están, si seguirán ahí cuando alargues la mano y los busques en un momento de debilidad.

Hay amores que duelen, que sangran incluso, pero también los hay que sanan, que curan tu vida con dosis de paciencia infinita y unas pizcas de ese algo que antes te faltaba. Hay amores que marcan y otros que pasan por tu vida como un día de lluvia, que llega, te moja y se va, y te secas el alma con el tiempo perdido debajo de aquella nube gris.

Hay amores que merecen la pena y otros que simplemente dan pena por no merecer nada. Los hay que llenan y los hay que te vacían, que te roban vida en lugar de regalarte una sonrisa nueva cada día.

Hay amores que te dan lo que reciben, que devuelven el esfuerzo. Te hacen sentir feliz por saberte amado, por saber que la otra persona lo da todo cada día. Hay amores que sorprenden y los hay que defraudan, los hay que ganan y que pierden, que llenan tu vida de colores nuevos o te obligan a vivir en blanco y negro.

Hay amores y amores, que son o incluso que nunca llegan a serlo.

Hay miles de formas de vivirlos, de sentirlos, de hacerlos.

Tenemos el honor de sentirlos cuando llegan y llorarlos cuando se van, de gozarlos o sufrirlos, de vivirlos. No importa que duelan, no importa el adiós. Siempre habrá un nuevo amor esperando a la vuelta de cualquier esquina, dispuesto a hacerte vivir todo un mundo nuevo para ti.

Enamórate de cada mirada, de cada sonrisa, de cada palabra muda que lees en sus labios cuando duda si confesar o no lo que lleva dentro. Enamórate cada día de la misma persona si puedes, o dile adiós a quien no consiga hacer crecer en ti ese sentimiento.

Simplemente: enamórate, una y otra vez. Hay amores de sobra en esta vida para que, al final, encuentres uno a tu medida.

MIEDO A ROMPERNOS

Caminamos la vida de puntillas, casi en silencio. Parece que tengamos miedo a rompernos a cada paso que damos, con cada decisión que tomamos. Vivimos la vida como si fuésemos de cristal y nos olvidamos de que somos de hierro. Somos fuertes, valientes, pero el miedo nos atenaza los huesos y creemos que con el más mínimo paso en falso nos romperemos.

Se resquebrajará nuestra felicidad, la tranquilidad que nos da no equivocarnos. Claro, es fácil no fallar cuando no se intenta, cuando te limitas a ver la vida pasar desde la comodidad de un sofá y señalas con el dedo a los otros y te ríes de sus tropiezos, te ríes de aquellos que, a diferencia de ti, no tienen miedo a romperse, a caer, a tropezar.

Vivimos con miedo a destacar a pesar de querer hacerlo. Miedo al qué dirán otros cuando pasemos por su lado, cuando les adelantemos en la carrera de la vida. Ese maratón que, a menudo, nos olvidamos de que solamente tiene una meta hacia la que caminamos sin retorno y que nos aguarda mientras decidimos no vivir por miedo a rompernos, por miedo a sufrir.

Muertos en vida, eso son algunos. Muchos, incluso, diría yo.

Tenemos una vida que es maravillosa, un regalo que llega cada mañana. Y sigue ahí mientras hibernas, mientras nunca ganas por no lanzarte al vacío.

La vida que estás deseando vivir está ahí, a la vuelta de la esquina que nunca giras.

No te das cuenta, ¿verdad?

Ya estás roto.

Te rompes si no vives.

OJALÁ NOSOTROS

Querría haberte dicho mil cosas antes de que te fueras, haber encontrado las palabras que ahora vuelan en mi cabeza y que nunca aparecen en el momento justo. Respuestas a preguntas que nunca pronunciaste me invaden el alma cada noche, lo mismo que los recuerdos de tus miradas en la media oscuridad de aquella habitación que hizo de palacio a tantas noches de sueños, a tantas mañanas de chocolate y besos entre las sábanas blancas que cubrían la desnudez de nuestros cuerpos.

Querría haber sido capaz de decir lo que querías escuchar, ser lo que querías que fuera. Ojalá hubiera un botón que nos devolviera al pasado, al momento exacto en que te conocí. **Ojalá para estar contigo hubiera servido con ser yo mismo.**

Desearía ser capaz de acercarme un ápice a esa imagen perfecta tuya que nunca alcanzo, a ese anhelo que tu corazón dibuja al viento y yo no soy capaz siquiera de alcanzar, pues se desvanece en cuanto elevo el vuelo y bato las alas.

Mis alas.
Ojalá vieras mis alas.

Quizá te hicieran cambiar de idea. Quizá te dieras cuenta de la perfección que esconden cuando cortan el aire, cuando mueven tu pelo y te preguntas en qué momento se levantó ese vendaval.

Quizá, si te quitaras la venda de los ojos, me vieras. Quizá te dieras cuenta de que lo que teníamos merecía la pena, que nos perdimos irremediablemente en el vacío que dejaba todo lo que no decías.

Somos pasado porque rompiste nuestro presente, te reíste de nuestro futuro. Somos pasado porque no quisiste ver en mí la realidad de lo que soy, sino que te limitaste a poner límites, a fijar estándares, a amar la ilusión de lo que nunca fuimos.

Ojalá no hubiera sido así.

Ojalá volver atrás, ojalá nosotros.

JUNTO A TI

Junto a ti he aprendido que la vida es mucho más que llorar, que hay una sonrisa capaz de calmarme en mis peores días, un abrazo que espanta los fantasmas de un pasado que, aunque siempre pesa, se ha vuelto mucho más liviano desde que estoy contigo.

Junto a ti he aprendido a sonreír de nuevo, a ver la vida de otra forma, mucho más alegre, **mucho más feliz.** Me has enseñado que todos los problemas tienen solución, que solo hay que tener paciencia para buscarla y encontrarla en mitad de la tormenta, brillando entre las nubes negras que intentan hacernos olvidar que existe un sol que siempre está ahí, por encima de ellas.

Junto a ti he cambiado.

Ahora soy una persona diferente, mejor. Siento que gracias a ti ya no tengo tanta rabia dentro, que mis mañanas amanecen siempre soleadas con tus «buenos días», por muy mal tiempo que haga fuera.

Junto a ti, amor, he aprendido que esa palabra tiene muchos más significados de los que parece. Esas cuatro simples letras han pasado a convertirse en uno de los pilares de mi vida, la misma que pongo en tus manos cada día con tal de que la sigas haciendo brillar de la forma en que solo tú sabes.

Junto a ti he aprendido lo que son las ganas. **Ganas de ti, de nosotros**. Ganas de que mañana nos sorprenda siempre con la misma ilusión del primer día.

Junto a ti he reaprendido a amar, y es que junto a ti... junto a ti, vivo.

A ESE AMIGO QUE YA NO ESTÁ

Muchas veces me paro en mitad de un recuerdo y me pregunto qué habrá sido de ti, dónde te llevó la vida después de separarnos. Cada uno tomó su camino un día y, desde entonces, no he vuelto a saber de ti más que lo que me ha llegado por boca de otras personas. Breves detalles de triunfos y fracasos a los que me agarro cuando te echo de menos.

Supongo que hay que vivir con las decisiones que tomamos, y por eso ninguno de los dos ha desandado el camino para retomar aquella amistad que nos unió durante años y se quebró con el peso de los mismos.

Se partió en dos como se parte una rama seca, con un crujido lastimero que sirvió de adiós entre decepciones, entre gritos y discusiones que nos llevaron a dar la espalda a todo aquello que teníamos.

Te echo de menos, por supuesto, pero también he aprendido a vivir sin ti. Al principio no fue sencillo, lo reconozco. Eras un pilar muy importante en mi vida y tu partida me hizo tambalear, caer incluso un par de veces.

Aun así, conseguí levantarme y rehacer en solitario esta vida que ahora vivo y que, por suerte o por desgracia, ya no comparto contigo.

Los años han curado las heridas y ahora comprendo nuestros errores. Dejamos de cultivar nuestra amistad y pensamos que ella se regaría sola, que encontraría el camino sin más ayuda que un par de risas de vez en cuando. En la amistad, como en el amor, es necesario dar tanto como quieres recibir y nunca esperar a recibir para dar.

Ahora entiendo que el orgullo nos pudo y los dos esperamos que el otro arreglara aquello, que se esforzara por dos cuando deberíamos haber sido los dos haciendo el esfuerzo.

Te echo de menos, sí, pero he llegado a aceptar nuestros presentes separados. He llegado a comprender que, aunque me lamente por siempre de perderte como amigo, nada ni nadie podrá quitarnos lo vivido.

Por eso, gracias. Gracias por esa amistad de película, enturbiada solo por un final del todo deslucido.

Espero que los años te hayan tratado bien, que tu vida soportara el terremoto y ahora seas más fuerte que antes.

No te olvido, ni lo haré. Ojalá algún futuro nos lleve al mismo punto, **ojalá haya una segunda parte que, por una vez, sea mejor que la primera.**

METAS

La vida da tantas vueltas que marea. Tiene tantos principios, tantos finales que, al cabo de un tiempo, casi nos olvidamos de que el principio único fue nuestro primer día y que solamente hay un final posible en ella.

Avanzamos deprisa, dirían algunos; muy lentamente, en opinión de otros. Lo cierto es que cada uno marca el paso en su existencia, decide cómo poner un pie delante del otro en función de las decisiones que le toque tomar.

Vivimos mirando al frente, casi sin perspectiva.

Nos marcamos metas a corto plazo y nos centramos en cumplirlas. «Terminar la carrera», «conseguir trabajo», «enamorarme»... Todo es muy bonito, sí, pero yo me pregunto: ¿dónde está tu propia iniciativa?

¿Dónde la perdiste?

Me gustaría vivir siempre como lo hacen los niños: día a día y no de meta en meta. Enfréntate con cada nuevo amanecer a la excitante sensación de qué hacer hoy. Que cada paso que des sea diferente, altera el ritmo y compás con pequeñas zancadas desiguales, en mitad de la vida, cuando todo el mundo mira y tú, a lo tuyo: te limitas a sonreír y a saltar en mitad de una línea.

No digo que las metas sean malas.

Lo que digo es que disfrutes del camino. La vida son dos días y, la verdad, no merece la pena vivirla de esa manera. Disfruta de las pequeñas cosas que te ofrece el camino, ilusiónate simplemente por estar vivo. Es un milagro. Uno muy grande y rara vez lo apreciamos.

¿Te das cuenta de la cantidad de pequeñas casualidades que te han traído al punto en el que estás?

Piensa ahora en las metas que ya has cumplido, el tiempo empleado para llegar a ellas y lo efímero de las mismas.

Ojalá estas pocas líneas te hagan abrir los ojos. El secreto no está en llegar, sino en hacer del camino algo especial, en pararse en cada esquina y coger aire mirando a tu alrededor, disfrutando del regalo que es encontrarse a alguien que, como tú, alargue la mano y agarre la vida según pasa.

Dispuesto a vivirla, dispuesto a no perderla.

Vive tu vida, que para eso la tienes, y deja las metas donde están. Alcánzalas, por supuesto, pero no te pierdas el camino, no dejes de mirar a tu alrededor mientras avanzas, **no dejes nunca de vivir.**

GUARDIÁN

Pasa el tiempo y el viento me sigue trayendo el eco de tu risa, tu olor, todas esas cosas que me decías cuando me despertaba en mitad de la vida y tu mano en la mía servía para calmar todos mis miedos. Tu recuerdo se mantiene intacto en mí, meciendo mi vida cuando la noche se hace larga y el sueño se vuelve esquivo.

Vivo mirando atrás.

Tengo miedo de olvidar. Guardo cada recuerdo como si fuera un tesoro y cierro siempre las ventanas antes de abrir el alma. Tengo miedo de que el viento que provocaba tu risa los haga volar y se pierdan. Cada vez son más las grietas en las paredes de tu recuerdo y temo que se escapen entre las rendijas que provoca el presente.

No lo permitiré. Lo prometo.

Aunque faltes, aunque ya no estés, no me permitiré olvidar nada de lo que pasamos juntos, de lo que quedó atrás. Mantendré encendida siempre aquella vela en la noche, para que si un día me buscas, ilumine el camino que te traiga de nuevo a mi vida.

Hasta entonces, seguiré aquí, eterno guardián de tu recuerdo.

DE AQUÍ A LA LUNA

—¿Me quieres?
—Mucho.
—¿De aquí a la luna?
—Ida y vuelta.

Él la abrazó y por un momento sintió que la vida era eso, ella. Así, sin más. Ella era vida y él, cómo no, estaba dispuesto a vivirla. La estrechó fuerte entre sus brazos y escuchó el suspiro que escapaba de sus labios, los mismos que antes besara y que ahora, segundos después, anhelaba de nuevo.

La alejó un poco de sí, lo justo para contemplar esos ojos verdes que tanto le gustaban, para sonreír al sentirse feliz de tenerla ahí, en su abrazo, y para susurrarle al oído un simple «estoy loco por ti».

Se había propuesto decírselo cada día, junto con otras mil y una bobadas que él llevaba dentro y que sabía que a ella la hacían sonreír, la hacía feliz escucharlas en voz alta por mucho que él insistiera en demostrárselo cada día. Cómo no demostrar cuando se ama tanto, cómo no querer enamorar cada día a la persona más maravillosa que había conocido en toda su vida.

No exagero, nunca había sentido algo así por nadie y ahora, después de tantas idas y venidas, se veía otra vez como un colegial a punto de dar su primer beso.

Lo que yo os diga, enamorado por completo.

—¿Me quieres? —preguntó él, conocedor de la respuesta.

—Mucho.

La miró intensamente a los ojos, perdiéndose en esa mirada.

—¿De aquí a la luna?

—Ida y vuelta —contestó ella sin pensarlo siquiera.

Sonriendo y con el corazón latiendo a mil por hora, la volvió a abrazar. Ella es así, capaz de enamorarle con cualquier tontería, capaz de hacerle feliz con un simple gesto.

—Te quiero —dijo él.

—Te quiero —contestó ella.

No soltó el abrazo, pero aun así se las ingenió para encontrar sus labios y rozarlos con los suyos. Sintió un leve escalofrío que le recorría la espalda y erizó la piel en su nuca, cuando ella, con los dedos fríos, buscó su cara y la retuvo ahí, evitando que el beso acabara.

Puede que no lleven demasiado juntos, puede que hubiera vida antes de ella y puede incluso que llegue un día en que haya vida después. Aun así, mientras esperan a ver qué les depara el futuro, él ha decidido que todo le da igual, que si ella es vida, piensa vivirla intensamente.

Textos inéditos

OJALÁ TE ENAMORES DE TI, TAMBIÉN

Ojalá te enamores de ti y sepas lo que vales, que a cada uno de esos "defectos" que siempre ves en el espejo empieces a entenderlos como las virtudes de ser quien eres y los abraces fuerte cada noche. Ojalá aprendas a reconocer que te quieres, sin importar la hora, día o lugar.

Ojalá una mañana te levantes y reconozcas en el espejo la mirada valiente de quien ya entendió, al fin, que no hay amor más grande que el propio. Que siempre va primero, por mucho que tratemos de dejarlo atrás en la vida —inconscientemente, claro—. Avanzamos tan deprisa que, a veces, no conseguimos darle la mano, abrazarlo fuerte, pegarlo a nosotros tan firme como podamos para que nunca nos falte de nuevo.

Ojalá entiendas que tienes derecho a cometer errores, a equivocarte mil y una veces, y que eso no te hace ni peor, ni más inútil, ni más idiota. Solo te hace más persona, más humano. ¡Que levante la mano quien nunca haya tropezado! Somos el resultado de las lecciones que nos dejaron los errores que cometimos. Y qué bonito es saber que de todos ellos aprendimos algo.

Ojalá entiendas que hay mucho bueno en ti. Que del amor que regalas cada día a todos los que te rodean deberías guardarte siempre un "extra" para ti. Abrazarlo fuerte, abrazarte fuerte. Quererte siempre un poco más, para que cuando mires atrás sepas que te vaciaste cada día, pero que nunca te olvidaste de ti en el proceso.

Ojalá te enamores, sí, de ti. De todo lo que has logrado en la vida y de todo lo que aún te falta por cumplir.

LLÉNATE DE NUEVO

Vaciarse es el primer paso para poder volver a llenarse. Nadie puede decirte cuándo te tiene que dejar de doler, pero tú mismo tienes que ser capaz de entender que "tocar fondo" no significa quedarse ahí para siempre. El fondo no es más que la superficie sólida con la que terminamos chocando después de caer, tan profundo que siempre nos sorprendemos al llegar a ese lugar apagado de toda luz, alejado de cualquier realidad en la que creímos vivir.

Y ahí, cuando más vacío te sientes, cuando las lágrimas de olvido ya no humedecen las mejillas porque hace tiempo que se secaron todos aquellos pasados..., cuando aceptes que el presente ya estuvo en pausa demasiado tiempo y toca volver a levantarse de nuevo, no tengas miedo a llenarte una vez más.

Nadie se queda vacío para siempre.

Llorar es parte de la cura, igual que lo es abrir de nuevo las puertas del alma, del corazón. Hay que airear la tristeza con tanta vida como puedas. No digo que vuelvas a ilusionarte, los dos sabemos que falta mucho para volver a ese estado de felicidad en que antes estabas, pero sí hay que levantar de nuevo la cabeza y empezar a construir unos nuevos cimientos sobre los que rearmar de nuevo tu vida.

El fondo no es tu lugar ni el de nadie. Por eso, llénate de nuevo, cuando sientas que al fin es el momento, y no te arrepientas de nada.

ELLA YA NO ESTÁ

Ella fue la luz que iluminó mi vida un tiempo, tan brillante que me cegó de amor. Creía que el futuro tenía su nombre, que nos casaríamos y viviríamos felices por siempre. Era tan real, tan auténtico todo lo que vivimos juntos, que nunca creí posible una vida sin ella.

Pero murió.

El amor también se muere, al parecer.

Desapareció, sin avisar. Nos abandonó en mitad de un beso que, por primera vez, nos dejó un sabor extraño en los labios. Nos robó lo más preciado y se rio de nosotros cuando, el resto de nuestras vidas, nos preguntamos qué pasó.

Treinta agostos tiene ya y seguramente siga viviendo en su eterna primavera. Ahora es madre, tiene prioridades mucho más grandes que aquel amor nuestro del que, quizá, a veces se acuerda. ¿Quizá sonría al recordarme? Yo sí lo hago con ella. Pienso que la vida nos juntó en su peor momento y que yo salí más roto de aquella relación de lo que jamás alcanzaré a comprender. Fue una primavera rara, se sintió invierno. El amor que me cegaba no me dejaba ver la realidad de un desamor anunciado antes de empezar.

Sus ojos verdes ya no me persiguen, tampoco su risa infantil. Hace tiempo que encontré mi camino, al fin, y nunca imaginé que ella dejara de existir para mí. Somos "amigos", extraños que comparten un pasado. Breve, quizá, aunque más intenso de lo que nadie podría imaginar.

Ya no florecen mis ganas por tenerla cerca ni mi mundo depende de su estación.

Ella ya no está.

Ella ya no duele.

SIGAMOS VIVIENDO

Vive ahora que puedes, antes de que el futuro te encuentre. Disfruta de la juventud, de la vida que corre por tus venas, y quema el aburrimiento a su paso. Ahora que tienes "todo el tiempo del mundo", solo porque la vida aún no te ha golpeado de realidad. Vive y disfruta de los tuyos, de ti. Disfruta de la música y del viento que te eriza la piel. Sueña a lo grande, no tengas sueños pequeños. Aún estás a tiempo de ser todo lo que quieras ser.

Suena a tópico, lo sé, pero la vida pasa volando. Un día eres joven y al siguiente te descubres abrazando un bebé, que después se irá a la universidad y al rato vendrá a verte solo en Navidad. El amor será intenso, eso no cambia. Maduras y amas de forma diferente, pero sin amor no vives y, por ende, sigue siendo muy importante.

Vive y ríe, llora y canta. No tengas miedo a que te rompan el corazón. Aún estás en esa edad en que todo tiene arreglo, incluso un corazón roto de mal amor. Aprende de cada error y equivócate siempre de nuevo.

Vive y disfruta, atrévete a experimentar con todo lo que ofrece la vida. No dejes que otros te presionen para avanzar. Llegará un día en que mires atrás y entiendas que los caminos te encuentran a ti, no viceversa. Así que rebélate, sé payaso. Disfruta de cada paso y nunca, jamás, dejes de caminar.

TE AMO, A PESAR DE TODO

En el laberinto de tus imperfecciones, donde tropiezan tus miedos y tus dudas, allí, en ese caos perfectamente humano, te amo, a pesar de todo.

A pesar de las tormentas que azotan y las palabras que a veces se escapan como pájaros salvajes en la noche, te amo, con cada pluma y cada vuelo. En los días grises, cuando tus sombras bailan al son de antiguas melodías y tus ojos reflejan cielos nublados, te amo, más allá de la tempestad.

A pesar de los silencios que gritan, de los espacios vacíos entre abrazos y de las promesas que se deshilachan, te amo, en cada hilo y cada nudo. En el desorden de tus miedos, donde se esconden tus sueños rotos, allí, en ese rincón olvidado de esperanzas, te amo, recogiendo cada pedazo.

A pesar de las dudas que asaltan como ladrones en la noche de tus certezas y de las inseguridades que te asedian, te amo, como un faro en tu oscuridad. En la danza de tus imperfecciones, donde cada paso es un acto de valentía y cada gesto una obra de arte imperfecta, te amo, en cada compás y cada pausa.

Porque en este amor, imperfecto y real, donde cada "a pesar de" se convierte en un "porque", allí, en ese amor tejido de humanidad, te amo, a pesar de todo y por todo lo que eres.

AGRADECIMIENTOS

Ha sido un camino muy largo el que me ha llevado a este punto, y muchas personas que lo han hecho posible. No quiero desaprovechar la ocasión de dar las gracias a todos aquellos que han contribuido, en mayor o menor medida, a hacer realidad este sueño.

Al equipo de Penguin Random House México por apostar por mí cuando todavía estaba despegando. Gracias por atraparme al vuelo y emprender conmigo este camino, gracias por todo el trabajo y apoyo recibidos. Mención especial para Amanda Calderón y Elizabeth Rosales.

A mi abuela, que fue la primera en apostar por mí hace años, empujándome a escribir, dándome una vida nueva y la oportunidad de encontrarme a mí mismo con su paciencia infinita. No sé qué habría sido de mí sin ti.

A mi tía, Eva, sin cuyo apoyo en el resto de las facetas de mi vida, difícilmente estaría donde estoy ahora.

A todos vosotros que me seguís, que me leéis y que tenéis este libro en las manos. Incluso a los que no lo tengáis, pero un solo día hayáis compartido uno de mis videos, de mis frases, de mis textos. Vosotros habéis sido siempre y seréis el aire que respiro, el viento que me llena las alas y me permite volar alto para alcanzar mis sueños.

Por escribir, llegó con mis ansias de sacar lo que llevaba dentro, y por escribir dejé atrás muchas cosas. Por escribir nací de nuevo y por eso el título del blog. Pero nada, nada de todo esto habría llegado a ocurrir sin vosotros. Gracias de corazón por estar ahí empujando siempre, en silencio a veces, a gritos otras.

Y, para terminar, quiero agradecer a mi esposa, Elvia. Nunca creí encontrar tanta felicidad tan lejos de mi tierra. Sin embargo, con el tiempo he aprendido que somos de donde nos aman, de donde nos hacen felices. Emprendimos este camino hace un tiempo sin saber siquiera todo·lo que nos traería a ambos. Y no me arrepiento de nada. Te amo.

Esta obra se terminó de imprimir
en el mes de agosto de 2024,
en los talleres de Litográfica Ingramex S.A. de C.V.
Ciudad de México.